La Madre Narcisista

Gestisci gli effetti a lungo termine di una relazione con un genitore narcisista e difenditi dall'abuso. Scopri come curare l'empatia e ricostruisci la tua autostima

Cecilia Overt

"È un luogo comune che l'amore spesso si trasformi in odio, anche se sarebbe più esatto dire che non è l'amore a subire questa trasformazione, ma il narcisismo ferito della persona che ama, e cioè che è il non-amore a causare l'odio"

Erich Fromm

Sommario

Introduzione

Uno dei migliori strumenti che ho usato per curare me stessa ed i traumi derivanti dalla relazione con mia madre è stato lo studio del narcisismo. Ho pensato, un giorno, che educare me stessa su tutto quello che riguarda il disturbo narcisistico della personalità, su come esso si manifesta nella relazione madre-figlia e su come un certo tipo di violenza possa esser così tanto direttamente influente relativamente a un figlio, avrebbe potuto aiutare moltissimo gli altri a capire cosa stanno vivendo.

Con una maggiore comprensione dell'argomento, difatti, si possono iniziare ad identificare meglio i sintomi di una relazione disfunzionale ma, soprattutto, si può cominciare a capire cosa fare per gestirla.

Cominciamo dall'inizio: tua madre.

Tua madre è probabilmente una narcisista da molto prima che tu nascessi, il che significa che tu sei stata esposta ai suoi comportamenti narcisistici per gran parte della tua vita. Sicuramente non avrai mai conosciuto nulla di diverso e, proprio per questo motivo, possiamo affermare che l'inizio dei tuoi problemi con il mondo che ti circonda ha avuto origine proprio con tua madre e con il suo disturbo.

Cos'è e che aspetto ha il disturbo narcisistico della personalità

Il disturbo narcisistico di personalità è una condizione mentale che marchia le persone con un senso di importanza personale gonfiato, conduce a relazioni disfunzionali ed è fondato su di un eccessivo e profondo bisogno di attenzioni ed ammirazione al quale si aggiunge una preoccupante assenza di empatia che, a seconda del grado, può esser totale o parziale.

Ora, anche se la condizione di base è questa, i sintomi del disturbo possono apparire leggermente diversi all'esterno in chi ne è colpito. E questo capita perché i narcisisti sviluppano, ed indossano, quelle che sono conosciute al giorno d'oggi come "maschere".

Queste maschere sono una specie di alter ego in cui i narcisisti si nascondono per omettere che c'è qualcosa di sbagliato nel modo in cui si comportano.

Usano queste maschere per creare o modificare la loro empatia dando luogo a false relazioni con gli altri in un modo che non riflette affatto chi sono veramente. Costruiscono una convinzione apparentemente genuina in sé stessi che proiettano sugli altri e secondo la quale, in loro, non c'è nulla di sbagliato.

Tra i segnali che è probabile che tu veda in un narcisista, ci sono quel senso incredibilmente esagerato di importanza che spesso si manifesta quando si comportano come se fossero migliori di tutti gli altri manipolando chiunque e mentendo spudoratamente per sostenere l'immagine del falso se che ne deriva; credono che tutto gli sia dovuto e si comportano come se dovessero ottenere tutto ciò che vogliono, compresa quella quantità illimitata di ammirazione per ciò che fanno e che pensano gli spetti di diritto; vogliono essere sempre riconosciuti come superiori agli altri, anche senza valide ragioni a sostegno di questa loro presunzione ed hanno fantasie di successo, grandezza, potere e bellezza illimitate; sono ossessionati dalla perfezione; nella loro vita tutto deve essere perfetto! La casa perfetta, il compagno perfetto, gli amici perfetti, il cane perfetto...tutto perfetto. Secondo loro, le cose perfette corrispondono all'immagine di perfezione che hanno introiettato dentro e contribuiscono ad aumentare il loro senso di superiorità rispetto agli altri.

Spesso, monopolizzano le conversazioni durante le quali sminuiscono le argomentazioni degli altri guardandoli dall'alto in basso perché ritenuti inferiori e quando si accaniscono con qualcuno in particolare, lo fanno perché fiutano come segugi la loro totale incapacità di avere confini annoverandoli come potenziali vittime per abusi futuri.

Generalmente, comunque, nel tempo sminuiscono chiunque fintanto che possono cavarsela senza offuscare la loro immagine perfetta, anche se questa immagine è tutta e solo nella loro mente.

Il loro ego esagerato li porta inoltre anche a credere di non dover ricevere domande nell'assurda pretesa di non dovere mai delle risposte.

Pensano veramente di dover ottenere tutto ciò che desiderano senza mai lottare e senza mai far fronte ad alcuna difficoltà. Proprio per questo motivo, spesso cercano di ottenere vantaggi a spese delle altre persone trattandole male e mostrando una totale assenza di compassione riguardo ciò che stanno facendo.

Nonostante ciò che appare all'esterno, i narcisisti sono fortemente invidiosi degli altri, il che è in gran parte la ragione dietro i loro continui comportamenti presuntuosi ed arroganti. Credono, anzi, che nel momento in cui agiscono in questi modi esagerati siano gli altri ad invidiarli. Questo continuo gioco di proiezioni dà loro una sensazione ancora più grande di importanza personale.

La combinazione di tutti i loro sintomi li porta ad essere boriosi, saccenti, pretenziosi, orgogliosi e svalutanti dei confronti di tutti. Credono di non avere difetti, non li tollerano negli altri, si pavoneggiano continuamente della loro presunta autostima ma nel profondo della loro psiche sono estremamente insicuri.

C'è da dire però, che alcuni narcisisti hanno imparato ad ottenere questa stessa importanza di cui abbiamo detto sino ad ora non mediante questi comportamenti fastidiosi, saccenti ed arroganti ma bensì attraverso una condotta camaleontica che gli consente invece di adattarsi ormai ad ogni situazione. È come se nel corso del tempo si fossero evoluti

arrivando a concludere che se un determinato comportamento non è utile allo scopo, allora bisogna attenuarlo per ottenere quell'ammirazione e quelle attenzioni di cui non possono fare a meno. Anche in questa caratterizzazione darwiniana del narcisismo c'è tutta la loro incredibile perversione.

In contesti privati, i narcisisti sono estremamente imprevedibili. Hanno gravi problemi interpersonali e di relazione e possono facilmente sentirsi come soggetti offesi in determinate situazioni. Credono di essere spesso vittime e giustificano a loro stessi improvvisi scatti di rabbia. Possono sembrare impazienti se sentono di non ricevere da parte di coloro che li circondano un trattamento speciale ed adeguato al loro ego ipertrofico.

I narcisisti lottano continuamente dentro loro stessi per gestire lo stress, regolare le proprie emozioni ed i propri comportamenti ed adattarsi ai cambiamenti. Ma riescono a non manifestarlo.

Spesso possono diventare lunatici e depressi perché vedono improvvisamente i loro difetti. Questo li fa sentire molto a disagio ed innesca il rimuginare sulle loro insicurezze più profonde, su quel senso di umiliazione intima che provano e sulla loro vergogna tossica. Questi sentimenti in totale contraddizione con la loro parte più manifesta e superficiale spesso derivano dal rendersi conto che non sono uguali agli altri e che lottano disperatamente per adattarsi. Ma non sapendo come farlo in un modo che non sia distruttivo per loro e dannoso per quelli che li circondano, finiscono con il ferire il prossimo. Purtroppo, pur essendone inconsciamente consapevoli, non lo ammetteranno mai con nessuno ed in nessun caso.

Quali sono le cause del disturbo narcisistico della personalità?

La vera causa o le cause del disturbo narcisistico della personalità non sono, ad oggi, ancora note. La questione è molto controversa e ci sono stati anche tentativi da parte di una grossa fetta di studiosi relativamente al fatto di escluderlo o meno dal DSM – 5 (The Diagnostic and Statistical Manual of Mental Disorders) ed al momento i medici non riescono ad individuare nessuna cosa che causi narcisismo nelle persone. Relativamente a tua madre, quindi, non c'è modo di sapere cosa potrebbe aver causato questa condizione.

Detto questo, alcuni psicologi e psichiatri hanno individuato tre elementi che pare possano contribuire al disturbo narcisistico della personalità. Queste tre elementi sono l'ambiente, la genetica e la neurobiologia. Non abbiamo però, al momento, alcuna garanzia e siamo in possesso di dati statistici ancora non rilevanti per poter affermare con certezza che questi siano elementi determinanti. Ma si sospetta che possano contribuire allo sviluppo del disturbo narcisistico della personalità.

Si ritiene, dunque, che l'ambiente possa influenzare lo sviluppo del narcisismo quando un bambino viene cresciuto da un genitore che o lo adora o lo critica eccessivamente. Se, ad esempio, tua madre è stata cresciuta da genitori che non erano in sintonia con le sue esigenze oppure l'hanno criticata spesso e involontariamente svalutata, potrebbero aver contribuito allo sviluppo del suo narcisismo; oppure, potrebbe averlo ereditato direttamente dai suoi genitori. Infine, e siamo alla neurobiologia, potrebbe esser presente un'alterazione nel cervello di tua madre che crea una disconnessione tra comportamenti e pensieri e che contribuisce appunto allo sviluppo del disturbo narcisistico della personalità.

Esistono cure per il disturbo narcisistico della personalità?

Poiché non ci sono cause ufficialmente riconosciute per il narcisismo, possiamo affermare che al momento non esiste ufficialmente neppure una cura. Inoltre, la maggior parte delle persone che hanno un disturbo narcisistico della personalità, nella maggioranza dei casi, non riconoscono di averlo e quindi non agiranno mai per tentare di curare il loro narcisismo.

Di conseguenza, ne manifesteranno i segni per tutta la vita ed è improbabile che possano migliorare. Nonostante ciò che potresti pensare, se una persona con un disturbo narcisistico della personalità piuttosto marcato non vuole ammettere di esserne affetto, ed è quasi sempre così salvo rarissime eccezioni, non c'è niente che tu possa fare per fargli riconoscere e vedere la realtà. Non capiranno quasi mai e difficilmente accetteranno di gestire veramente i loro comportamenti e le loro azioni perché questo è in netta contrapposizione con la loro natura e con ciò che stanno cercando di ottenere.

In quelle rarissime occasioni in cui un narcisista accetta la sua condizione e mostra chiaramente la volontà di cambiare, la cosa migliore che può fare è quella di considerare l'idea di un trattamento terapeutico con un professionista esperto della materia. La terapia, individuale o di gruppo che sia, è un metodo sicuramente meritevole di attenzione e che può essere utilizzato per aiutare un individuo narcisista a capire come sta interagendo con il mondo che lo circonda e come riesce ad influenzare negativamente le persone; è altresì utile per migliorare e cambiare i loro comportamenti. In questi casi, e ribadiamolo dove il grado di narcisismo non è elevato e la volontà di cambiamento è piuttosto seria, possono notarsi miglioramenti e l'individuo può cominciare ad integrarsi con il prossimo in modo più sano.

Il modo in cui il narcisismo si manifesta nelle madri è unico in maniera molto particolare poiché i bambini vedono i loro genitori diversamente da chiunque altro. Una relazione sana tra un bambino e un genitore generalmente integra caratteri di unicità che la distinguono da un qualsiasi altro tipo di relazione. Le madri tendono difatti a sentirsi veramente a proprio agio con i figli, riescono ad aprirsi e ad esprimere il loro vero **io** in modo totalitario e senza alcun tipo di filtro.

Ora, per le madri che non soffrono di narcisismo, il rapporto si sviluppa generalmente in modo più dolce, morbido e nutriente mentre per quelle madri che soffrono di questo disturbo, la relazione sarà il luogo in cui il narcisismo si manifesterà in modo molto più offensivo e schiacciante di quanto non farebbe in qualsiasi altra relazione. In altre parole, le madri narcisiste, purtroppo, tendono ad abusare dei loro figli, specialmente delle femmine, più di chiunque altro.

Comprendere il modo in cui si manifesta il narcisismo nelle madri è un'ottima cosa per arrivare ad identificare **DOVE** tua madre è anormale rispetto alle altre madri e **COME** queste anomalie sono legate al suo disturbo narcisistico di personalità.

La minaccia del figlio alla madre narcisista

Le madri narcisiste provano spesso la sensazione di essere abbandonate dai loro figli, temono che i loro figli possano sottrargli da un momento all'altro attenzione e ammirazione. E quando le madri narcisiste notano che i loro figli si stanno ad esempio interessando ad una determinata materia a scuola, oppure si dedicano con metodo ed abnegazione ad uno sport in particolare, si spaventano, iniziano a sentirsi minacciate e per questo tenteranno di sminuire il valore del figlio e di ridimensionarne i risultati.

Per arrivare a questo, useranno forme di comunicazione molto sottili, in particolare quando sono in presenza di altri, con frasi tipo:

• "Finalmente, sei stato bravo in qualcosa almeno per una volta!"
• "Era ora che portassi a casa qualcosa di buono".
• "Aspetta, davvero mi stai dicendo che hai fatto qualcosa di buono? Wow."

Parlare in modo simile, ha lo scopo di far sembrare che il bambino sia per la maggior parte del tempo terribile e che tutto questo sia invece una misera eccezione. È un modo in cui la madre narcisista può controllare la quantità di attenzioni che il bambino ottiene dagli altri relativamente alle sue attività. In simili circostante, infatti, lui potrebbe ricevere dagli altri complimenti per determinati risultati ma, attraverso le parole della madre narcisista, la sua reputazione viene offuscata impedendogli così di ricevere riconoscimenti ulteriori per altri aspetti della sua vita. La mamma, in questo modo, può catalizzare l'attenzione degli altri su sé stessa, cosa di cui sappiamo avere sfrenato bisogno, sminuendo allo stesso tempo il figlio che, ovviamente, soprattutto in tenera età, potrebbe risentirne parecchio a livello caratteriale.

Lo sforzo di autorealizzarsi attraverso te

Un altro straordinario metodo grazie al quale le madri narcisiste possono essere identificate attraverso determinati segnali si ha quando tentano di gonfiare il loro ego attraverso di te.

Mia madre, ad esempio, lo faceva spesso tentando di prendersi il merito di tutte le cose positive che facevo nella mia vita, facendole sembrare come se fossero unicamente merito suo. Usava spesso questa forma comunicativa come mezzo per distogliere l'attenzione da me ed accentrarla su sé stessa, anche quando non aveva alcuna ragione per farlo.

Per esempio, ottenevo ottimi voti a scuola da bambina? Allora, ogni volta che portavo la pagella a casa con la certificazione ufficiale dei miei voti in mano, mi preparava una bellissima cena con tutti i miei piatti preferiti...o almeno era quello che pensava lei visto che i piatti preferiti erano i suoi. E continuava dicendo che quella sarebbe stata una serata tutta per me, una serata per festeggiare me e i miei successi. Non nego che in quel momento mi facesse veramente sentire importante, forse era genuinamente orgogliosa di me. Ma, oggi, quando ci ripenso, ricordo che trascorreva l'intera cena – la mia cena speciale – parlando di come **LEI** fosse responsabile dei miei successi.

Diceva cose tipo che io senza di lei non avrei mai ottenuto quei risultati e come questi provassero il fatto che lei fosse una madre eccezionale, per poi magari immediatamente dopo, in separata sede, sottolineare quanto io fossi crudele e meschina per affermare il contrario davanti a qualcun altro della famiglia.

Per aggiungere la beffa al danno, ogni volta che chiedevo aiuto a mia madre per i miei compiti, o lei si rifiutava oppure passava tutto il tempo a sgridarmi, incolpandomi di non essere abbastanza brava, sebbene poi se ne vantasse davanti agli altri.

In conclusione, quindi, avevo ottenuto quei risultati nonostante lei, non grazie a lei.

Nel corso del tempo, però, sono diventata così piena di risentimento che ho smesso di badare a me stessa, era come se fosse troppo doloroso avere qualcosa di bello per me! E lei sembrava orgogliosa di avermi strappata via dalle mie cose ed usarmi costantemente come strumento contro me stessa.

Le madri narcisiste vivono spesso attraverso i loro figli oppure li usano come un modo per gonfiare ulteriormente il loro senso di sé. Generalmente, lo fanno perché sanno che in giovane età i bambini non sono in grado di identificare ciò che gli sta accadendo intorno, non riconoscono l'abuso e quindi non possono fermarlo.

Quando, invece, i figli diventano grandi e sono in grado di avere un minimo di decisione ed autonomia di parola, la madre li avrà ormai già spaventati a tal punto che loro non saranno in grado di affermarsi pienamente nel dialogo. Ed avrà anche abilmente addestrato tutti gli altri a credere che il figlio sia un bugiardo problematico e come tale da non prendere assolutamente in considerazione. Alla fine, il bambino è costretto a vivere in una prigione mentale modellata e presidiata da lei e che è la più orribile forma di tortura che un bambino avrebbe il diritto di non sperimentare mai.

Lo sviluppo di un'immagine superficiale

La madre narcisista è molto abile a sviluppare un'immagine apparente di sé molto superficiale e che la identifica come qualcuno in grado di non fare mai nulla di sbagliato. È una strategia che ha appreso nel corso del tempo e che usa per proteggersi da determinate conseguenze. Lo fa affinché siano gli altri a crederle e non suo figlio. Può così proteggere la sua fonte primaria ed essere costantemente in grado di soddisfare i suoi bisogni crudeli e insoliti. In questo modo, quando sminuisce apertamente il bambino, le persone intorno a lei crederanno che tutto sia giustificato, mancando di tutti gli altri pezzi del puzzle che lei riesce ad omettere abilmente, ed il bambino non avrà alcuna speranza di fuggire dall'esperienza.

Capitolo 2 – Comportamenti di una madre narcisista

Abbiamo prima visto e considerato come tra le ipotesi di sviluppo del disturbo narcisistico di personalità pare rientri anche l'ambiente.

Un bambino che cresce in un ambiente in cui uno dei genitori è molto oppressivo, potrebbe quindi sviluppare questo disturbo ed entrare nell'età adulta con esso ormai completamente integrato.

Sarà quindi difficile per lui instaurare relazioni sane e gratificanti essendo costantemente soggetto a conflitti interni e dipendendo psicologicamente dalle attenzioni degli altri.

Il bambino non viene visto dal genitore disturbato come un oggetto d'amore da crescere in modo consapevole ed altruistico.

Il figlio di una madre narcisista è uno specchio attraverso il quale lei si guarda, si ammira e si loda in continuazione.

Le madri narcisiste vengono classificate in due categorie di base all'interno delle quali si distinguono poi tipologie che vedremo nel terzo capitolo:

1. madri soffocanti
2. madri negligenti

Analizziamole nel dettaglio.

L'inferno opprimente dell'eccessiva presenza

La madre soffocante, nota anche come madre velenosa, non è in grado di determinare i confini tra sé stessa e i figli. Il figlio, o i figli, sono, nella sua mente, un'appendice del proprio ego.

Questa è una sua inclinazione naturale fin dalla nascita del bambino ed attraverso tutto il suo sviluppo. Diventerà, però, un problema per il figlio, quando lui, più tardi, cercherà l'autonomia. È un processo che avviene in modo molto subdolo, quasi nascosto e forse pure inconsciamente, in un legame di terribile co-dipendenza tra madre e figlio. La madre non riesce a lasciarsi andare naturalmente, non ne è in grado e manipola il figlio sin da subito per impedirne lo sviluppo di quella maturità caratteriale fondamentale. I limiti ed i confini naturali non vengono stabiliti e si crea una profonda interferenza nel legame genitoriale che non si svilupperà mai in modo sano.

Questa tipologia di madre ama essere molto invadente. Durante la crescita del figlio si intromette spesso nelle sue amicizie, entrando violentemente nella comunicazione.

Un comportamento negativo e dettato dal suo più profondo risentimento, ad esempio, potrebbe essere quello di entrare nella relazione amicale o sentimentale della figlia, o del figlio, per avvelenarla con lo scopo di interrompere il rapporto.

Lo spazio privato viene, quindi, spesso invaso senza preavviso, fa domande indiscrete e cerca di avere la massima ingerenza nelle relazioni della figlia. La madre narcisista tende anche a proiettare sui figli i propri gusti e le proprie preferenze arrogandosi il diritto di dire cosa a lui/lei piace e cosa no, gestendo la relazione in modo estremamente soffocante.

A causa di questo comportamento, la prole sente la pressione di non riuscire a farsi valere nei suoi gusti e nelle sue scelte. Percepisce la rabbia interiore della madre, potrebbe non tollerarla ma evita di reagire per paura di improvvisi scatti d'ira, critiche ingiuste ed altre manifestazioni di rifiuto. Nelle rare occasioni in cui il figlio cerca di prendere le distanze, lei persisterà senza mai fermarsi fino ad arrivare a forme di stalking o molestie di altro tipo.

Questo tipo di madre spesso idealizza i figli all'estremo. Loro sono sempre la ragione dei suoi problemi e delle sue carenze; spesso è molto distante emotivamente o semplicemente FREDDA, assorta com'è nella sua stessa ammirazione e nel suo stesso egoismo.

Esiste solo lei! I figli non esistono da un punto di vista sano! Sono reificati, ridotti ad un mero stato di oggetti verso i quali la madre ha totale potere di intromissione e controllo. Si impegna a far valere il suo diritto di madre in modo disfunzionale trattando i figli in età adulta come se fossero ancora bambini piccoli; fa spesso uno della triangolazione cercando di disturbare l'equilibrio nella relazione incontrando una terza persona davanti ai loro occhi.

I suoi modi comportamentali sono piuttosto subdoli, gli altri potrebbero essere addirittura ingannati. Difatti, come sappiamo, un soggetto narcisista sa essere affascinante e molto seducente;

alle volte persino carismatico e loquace nell'interesse di monopolizzare sempre l'attenzione, in qualsiasi circostanza sociale. Gli altri, pertanto, potrebbero mostrare ammirazione osservando il rapporto madre-figlio e la relazione potrebbe sembrare una relazione ideale, molto stretta piuttosto che patologicamente prepotente.

Dall'attaccamento all'assenza

Qui, siamo all'altra estremità dello spettro della scala del narcisismo: la madre negligente.

La madre negligente è una categoria di madre che ignora totalmente i figli. È molto egocentrica, ha poco tempo per loro e non si preoccupa minimamente dei suoi pensieri. Naturalmente, l'impatto è piuttosto doloroso e confuso.

Magari può essere fisicamente presente, per la maggior parte del tempo, ma non interagisce quasi mai. È contratta e rimane ritirata dal rapporto, molto più preoccupata per sé stessa ed attenta solo alle proprie idee o attività.

Qualsiasi tentativo di approccio la infastidisce. Non ha alcuna voglia di ascoltare ed è negligente nei doveri basilari della genitorialità! Dalla cura personale ai consigli sulla vita fino all'organizzazione familiare. È totalmente assente.

Tentativi relativi a richieste di spiegazioni sul perché la madre è così distante non ricevono mai risposte oppure, se le ricevono, sono molto elusive. È più probabile ricevere in cambio una scrollata di spalle o un pretesto per allontanarsi ed astenersi dalla conversazione. Il lettore potrà ben immaginare la totale mancanza di affetto in queste circostanze. Qualsiasi abbraccio è solo meccanico e provvisorio, quasi inesistente da parte della madre a cui piace ignorare il bambino. Non ci sono mai domande su come va la scuola o su come ci si sente. I complimenti sono inesistenti, gli incoraggiamenti pure. Ogni conversazione viene condotta con tono arrogante o condiscendente.

Man mano che il figlio cresce e prosegue nella sua vita, non ci sono mai telefonate o inviti. In occasioni speciali, come ad esempio un compleanno od una laurea, gli auguri sono distaccati e superficiali. Se compaiono regali, sono fatti secondo i gusti della madre e consegnati come se il figlio non fosse abbastanza intelligente da riconoscerne il valore e la bellezza, anche se il regalo non è affatto pertinente e gradito al ragazzo.

A differenza della relazione appiccicosa e morbosa della madre soffocante che generalmente **ingoia** il legame, è molto facile allontanarsi dalla compagnia o dall'attenzione della madre negligente essendo essa affettivamente assente. Ma indipendentemente da questo, il dolore dell'abbandono emotivo e materiale è dolorosamente profondo. Di conseguenza, il figlio potrebbe sentirsi indegno e non meritevole. Così, in età adulta, potrebbe non fidarsi abbastanza degli altri ed avere difficoltà nel costruire relazioni strette dopo un'esperienza ed un vissuto di questo tipo. Potrebbe, anzi capita quasi sempre, pensare di non avere senso di appartenenza e di non essere degno di esser amato.

Preziosa bambola o causa di tutti i problemi?

È anche importante essere consapevoli del potenziale duplice pericolo di una madre narcisista nel caso di più figli, quando lei stessa assegna inconsapevolmente ad uno il ruolo di ragazzo d'oro che non può fare mai nulla di male e all'altro quello del bambino problematico che rovina sempre tutto. Difatti, se una madre narcisista ha due figli, questo tipo di situazione può capitare molto spesso.

Proiettando il suo senso interno di grandiosità, lei esagera gli attributi, i risultati e le realizzazioni del bambino prediletto che viene messo su di un piedistallo gigantesco rispetto all'altro. Questo bambino non potrà mai fare nulla di male ai suoi occhi! Qualsiasi comportamento sbagliato o poco educato, qualsiasi debolezza verrà respinta mentre qualsiasi successo o risultato positivo, non importa quanto piccolo esso sia, sarà enfatizzato all'ennesima potenza. La madre narcisista si farà carico di questo membro della famiglia con continue ricompense e smisurato sostegno, come ad esempio soldi per vestiti, regali, viaggi, ecc.

Al contrario, il bambino problematico verrà marchiato come la pecora nera. Tutti i problemi della famiglia, specialmente quelli della madre, saranno presumibilmente dovuti a lui. Sarà tristemente posizionato nel baratro, in un angolo buio per essere umiliato e svalutato continuamente. Qualsiasi successo o risultato positivo verrà ridimensionato o addirittura ignorato.

Sono a conoscenza del fatto che legger queste righe potrebbe far male ma è proprio così. Lui viene considerato come poco attraente o addirittura brutto, socialmente inetto, accademicamente inefficiente e fisicamente ripugnante. Nell'intimo di questa madre, per lui non vale assolutamente la pena di investire in alcun supporto.

In questo tipo di situazioni, quando ci sono due bambini costretti, per cause a loro non imputabili, ad assumere funzioni opposte come questa, nell'ambiente familiare ci sarà sempre lotta e competizione. Il bambino prediletto avrà il lasciapassare per criticare il bimbo problematico che, ricoprendo questo ruolo non potrà mai vincere una battaglia o una discussione in questa famiglia. E verrà sempre punito dalla madre se l'attrito tra loro dovesse sfuggire al suo controllo.

La madre narcisista non accetta che il bambino etichettato come problematico abbia ragione su qualche cosa; né consente a sé stessa di trovare colpe nel bambino prediletto. Riconoscere la verità la porterebbe a scoprire i propri punti deboli ed i propri errori. Così, quando il bambino problematico ottiene risultati, e dovrebbe esser ricompensato per questo con abbracci o regali, la madre narcisista nega sadicamente tutto quanto.

Visto dal di fuori, il bambino problematico potrebbe esser effettivamente inquadrato come sbagliato o malato così come il figlio prediletto potrebbe esser riconosciuto come perfetto.

Entrambi però vivranno quella verità paradossale che probabilmente li segnerà in modo definitivo. Quella verità dove il prediletto, continuamente osannato ed eccessivamente ricompensato, immerso in una profonda ansia di esser sempre all'altezza della perfezione, manifesterà nevrosi potenzialmente idonee a sviluppare tratti narcisistici. Mentre il bambino problematico avrà problemi di ansia e depressione altrettanto idonee nel condurre al medesimo risultato. Entrambi potrebbero integrare cattive abitudini come l'inganno e la manipolazione in modo da aiutare la madre narcisista a mantenere la facciata, in uno come nell'altro caso.

Stranamente il bambino capro espiatorio è quello con il vantaggio più grande. La negligenza della madre può, ma non sempre, portarlo a diventare indipendente; sarà più abituato alla lotta e quindi più pronto ad affrontare le difficoltà. Il bambino prediletto, invece, continuamente soffocato, potrebbe non essere mai libero dal dominio, dall'idealizzazione e dal controllo della madre e sarà quindi molto più condizionato.

Il padre che abilita la madre narcisista

Che dire adesso del partner della madre narcisista che è la figura paterna per i figli? Come risponde? Qual è il suo stile genitoriale di fronte al coniuge narcisista?

Sfortunatamente, nella maggior parte dei casi, è probabile che sia un fattore abilitante. Se non il fattore abilitante per eccellenza, probabilmente ne condivide il disturbo ed aiuta inconsapevolmente a manifestarlo.

Il padre, in questo tipo di scenario, può essere disfunzionale se anche lui è un narcisista. Se non lo è, invece, è probabile che adori sua moglie per qualunque cosa. È fisicamente presente, per quanto in un ruolo sottomesso, e "gioca" a difendere la mamma narcisista. Per paura, adotta la posizione del compagno che fa da eco ed aiuta la madre nel suo ruolo. Come già detto, diventa passivo e lascia che il narcisismo della moglie emerga in tutta la sua dirompenza, nonostante il danno ai figli, a sé stesso e alla donna.

Può, all'interno del nucleo familiare, assurgere al ruolo di colui che fa il lavoro sporco di attaccare i figli in modo che la madre possa sempre uscirne pulita ed apparire corretta. Una specie di garante, schierato per mantenere i figli in una posizione di sottomissione alla madre e prevenirne la ribellione. Può razionalizzare le parole e le azioni sbagliate della madre fino a convincersi, ed a convincere i figli, che invece siano corrette.

Se LEI si arrabbia, la segue a ruota oppure la difende con rabbia ancor maggiore.

Può accusare i figli di essere un problema, finendo per farli vergognare o farli sentire colpevoli se dovessero provare a protestare per il trattamento ricevuto oppure per aver osato chiedere di desiderare libertà e rispetto.

Nella maggior parte dei casi, la relazione tra la madre narcisista e il padre è una relazione di co-dipendenza, non di amore. Il padre può essere ansioso di mantenere la struttura imposta dalla madre ed addirittura temere il cambiamento o l'instabilità. Quindi, non solo accetta quel tipo di atteggiamento ma ne rafforza anche l'intensità, ponendosi come quell'imponente sostegno sul quale la sua stella prediletta (la madre narcisista) potrà sempre appoggiarsi.

Vampiro emotivo

L'ego della donna (madre) narcisista, con il suo senso di sé gonfiato e l'ipersensibilità ai problemi e alle critiche, può trovare terreno fertile nel dramma ed addirittura prosperarci. Tende, senza prestarvi attenzione, ad avere totale ingerenza nella vita dei figli, a condizionarne gli affetti, a sopprimerne le emozioni ed a non filtrare i suoi alti e bassi. Questo tipo di genitore non è interessato assolutamente alle delusioni, alle gioie e agli episodi emozionanti della vita dei figli! Piuttosto, sfrutta al massimo la sua. Tutto deve ruotare intorno a lei. Potrebbe persino arrivare ad enfatizzare l'esperienza di altri, che siano essi familiari, colleghi di lavoro o amici per contrapporli all'esperienza dei suoi figli e cercare di far sembrare la loro vita più piccola.

Può, ad esempio, trattare in modo infantile una figlia quando questa menziona qualche problema o vive una sconfitta o una delusione di qualsiasi tipo. Può usare quel tipo di esperienza per rafforzare la necessità che la figlia rimanga avvolta sotto la sua ala protettrice, non dandole quindi la possibilità di crescere validando quel tipo di esperienza per provare ad uscire in autonomia al di fuori della relazione.

Le madri narcisiste sono come vampiri emotivi che depredano le sofferenze delle altre persone intorno a loro mostrando spesso piacere nel trasmettere brutte notizie.

Pensando, ad esempio, ad un aborto spontaneo, ad una rottura sentimentale o ad un rifiuto da un determinato programma di studi, LEI biasimerà la figlia per questi eventi tristi e sfortunati.

Ed anche, come capita spesso, se tutto questo fosse il prodotto della sua folle educazione, questo tipo di genitore negherebbe qualsiasi responsabilità. Cosa che non accadrebbe, invece, in caso di successi dove LEI sarebbe lì a prendersene, ovviamente, tutti i meriti.

Anche in occasione di un evento triste come un funerale, la narcisista vuole focalizzare l'attenzione su di sé ed interpreta tutto ciò che sta accadendo come correlato a lei. Ad esempio, può immaginare di essere stata appositamente invitata a partecipare, non per dovere di rispetto ad esprimere le sue condoglianze ma bensì per la sua importanza, cominciando a parlare di quanto la morte l'abbia drasticamente colpita e non di cosa quella tragedia possa significare per la persona deceduta ed i loro cari.

Ed in caso di accuse da parte di altri, che avrebbero tutto il diritto di risentirsi, queste verrebbero immediatamente negate e respinte. Bene, la negazione non è forse un segno distintivo di molti disturbi?

Capitolo 3 – Tipologie di madri narcisiste

Se hai avuto a che fare con una mamma narcisista, è molto probabile che ti sia successa una di queste due cose:

1) eri molto controllata

2) sei stata totalmente ignorata.

Oppure, avresti anche potuto vivere una combinazione di entrambi i fattori ma ciò che interessa è che in ogni caso sei stata derubata della tua infanzia, hai sofferto in modo incredibile e magari oggi, in età adulta, sei in seria difficoltà relativamente alle relazioni e magari anche sul piano lavorativo.

Abbiamo già detto poco sopra delle due categorie di madri narcisiste. In questo capitolo, andremo a vedere altre tre sottocategorie che val la pena di menzionare. Esse sono:

- La madre narcisista overt
- La madre narcisista sadica
- La madre narcisista covert

La madre narcisista overt

È un individuo decisamente istrionico. Questo tipo di madre, essendo esageratamente egocentrica ti fa sentire non amato. È completamente centrata su sé stessa e cerca sempre l'attenzione degli altri. La vita è un meraviglioso palcoscenico sul quale lei è la stella sacra ed inavvicinabile. Tale sottocategoria di madre può crescere i propri figli e mostrarli ai loro amici dicendo: "Vedete cosa ho prodotto? I miei figli sono il mio orgoglio e la mia gioia più grande".

Questo atteggiamento può essere molto dannoso per i ragazzi perché loro, imparando che questo è l'unico modo per stare al mondo, cercheranno continuamente di essere le persone che la madre si aspetta che siano e finiranno per non esser mai loro stessi.

Inoltre, soprattutto nel caso di una figlia ma non solo, ad esempio, quando lei diventerà una giovane donna, la madre narcisista comincerà a manifestare un senso di competizione molto evidente che potrà sfociare in cattiveria molto rapidamente.

Questo tipo di madre, durante l'età adolescenziale della prole, non si esime mai dal mostrare con sdegno quanto pesante e difficile possa esser crescere un figlio. Ancora una volta, l'autoreferenzialità prenderà il sopravvento e lei comincerà a dire quanti soldi le hanno fatto spendere questi benedetti figli e quanto di fatto si stia consumando l'anima non potendo mai avere tempo per sé stessa.

Un bel giorno potrebbe essere che la madre narcisista ti spinga via dal nido familiare perché ti vorrà fuori il prima possibile. Lei vuole che tu cresca senza darti gli strumenti adeguati con i quali poter uscire nel mondo ed avere successo. Altre volte, in altre situazioni, alcune madri narcisiste fanno l'opposto; vogliono tenerti sempre con loro e ti proibiscono di lasciarle perché altrimenti si sentiranno abbandonate. Ti ricompenseranno quindi con la co-dipendenza.

Vuole sentirsi necessaria ma allo stesso tempo ti spingerà via quando comincerai a diventare troppo esigente! Ma non vuole vederti autosufficiente o indipendente perché potrebbe viverlo come una minaccia in quanto potresti non soddisfare più i suoi bisogni.

Non riconosce le tue emozioni; per te non c'è spazio, non puoi esprimere pienamente te stessa perché fondamentalmente, nel momento in cui occupi troppo spazio, lei lo vive come una minaccia. Cercherà, quindi, sempre di abbatterti e non riconoscerà quando ti farà del male. Dirà cose che non dovrebbero esser mai dette.

Quando cominci a trasformarti in un'adolescente indipendente che ora ha la sua vita, entra in totale competizione con te e continua a demolirti in modo da poter continuare a controllare il rapporto. Questa donna deve essere sempre al top.

Cerca di uscire con i tuoi amici e prova persino a prendere il controllo del tuo gruppo di pari.

È il tipo di donna che vuole sentirsi sempre giovane, e non è un male per carità. Ma lo diventa nel momento in cui si comporta come una ragazza di 20 anni. C'è un enorme differenza tra l'essere giovanile ed il comportarsi come una pischella. Inoltre, in caso di più figli, fa spesso uso della triangolazione. La triangolazione è una forma di manipolazione incredibilmente tossica soprattutto in una famiglia. E forse di poco inferiore, in termini di violenza emotiva, al gaslighting. Le madri narcisiste sussurrano una cosa ad un bambino, un'altra ad un altro mettendoli così l'uno contro l'altro, creando continui conflitti tra di loro per sedersi poi a godersi lo spettacolo.

Non è infrequente che, più tardi, nel corso della vita di questi figli e magari dopo un percorso psicoterapeutico, essi vogliano conoscere la verità per capire cosa sia realmente accaduto durante la loro crescita e la loro educazione. Ed il più delle volte confermano le loro storie con i fratelli e le sorelle, arrivando ad avere una visione molto più chiara e reale di quanto successo. Sfortunatamente, al giorno d'oggi, la dinamica della famiglia media è spesso disfunzionale. Viviamo in una società in continuo cambiamento dove tutto sembra andare via molto più rapidamente. Ecco, quindi, che, a maggior ragione in una famiglia con genitori narcisisti, essere schietti al giorno d'oggi diventa sempre più difficile.

Esserlo, potrebbe condurre all'isolamento che nei nostri geni, per una profonda opera di condizionamento sociale, viene codificato spesso come la peggiore forma di punizione. Quando si è fuori dal clan, quando si viene allontanati dalla tribù, i pericoli diventano sempre più frequenti e per chi non è riuscito a sviluppare un'integrità caratteriale sana, la solitudine può diventare insopportabile perché ci si sente continuamente esposti e minacciati. In una situazione di questo tipo, i figli di una madre narcisista si sentono come non visti e rimangono intrappolati nella colpa e nella vergogna. Difatti, nella loro psiche, c'è purtroppo una ferita narcisistica che sanguina continuamente facendoli sentire indegni quando non fanno abbastanza o in colpa se al contrario fanno troppo.

Questo tipo di madre narcisista è infine estremamente ambigua nella comunicazione. Invia continui messaggi contrastanti come ad esempio mostrarsi orgogliosa di te da una parte per poi immediatamente dopo svalutarti molto sottilmente.

Avere successo, realizzarsi quando si ha a che fare con una madre di questo tipo è molto difficile. Lei è molto abile a far sentire in colpa i figli. Ed è altrettanto consapevole che, grazie ad una delle più forti convenzioni sociali secondo cui la mamma deve esser sempre venerata, è molto difficile separarsene.

La madre narcisista sadica

È fondamentalmente una donna con dipendenze molto serie (alcol, droghe, sesso, gioco d'azzardo, ecc.). Sono madri che si sono ritrovate madri quasi per caso, senza volerlo veramente. Sono violente, estremamente problematiche e sadiche fino al punto di arrivare magari a rinchiudere i loro bambini nelle stanze per ore dimenticandosene completamente. Sono donne che hanno vissuto l'abbandono e che ripropongono questo stesso schema con i loro figli.

Non si preoccupano di instaurare continue relazioni con nuovi compagni e lo fanno spesso, anche davanti gli occhi dei loro figli.

Questi patrigni a volte possono abusare sessualmente dei bambini alimentando un ambiente malsano già compromesso di suo e assolutamente non idoneo alla loro crescita ed al loro sviluppo.

Sfortunatamente, al giorno d'oggi, il prodotto di un simile ambiente è un numero molto elevato di ragazzi cresciuti in questo modo e non capaci di badare a loro stessi. Non avendo ricevuto quel sostentamento, quella compassione e quell'amore che sono indispensabili nella formazione del carattere di un figlio, sono stati frantumati internamente ed avranno una psiche completamente sgretolata. Purtroppo, soffriranno in modo molto serio di un disturbo post traumatico da stress molto complesso e necessiteranno di un percorso di psicoterapia piuttosto lungo coadiuvato spesso da farmaci.

La madre narcisista covert

Anche conosciuta come madre narcisista morbosa, la narcisista covert manifesta quel tipo di narcisismo nascosto e subdolo che nel rapporto con il figlio si fonda sull'evitare di insegnargli a costruire una vita tutta sua. È molto abile a manipolare emotivamente ed altrettanto possessiva.

Questa tipologia di madre narcisista può sembrare semplicemente perfetta nel prendersi cura dei figli ma invece li trasforma in neonati per tutta la vita.

Non gli permette mai di crescere. Se si tratta di un uomo, lui rimarrà sempre bloccato in una situazione di mezzo nell'essere metà uomo e metà bambino.

I figli, in questa situazione, sono continuamente storditi emotivamente in molteplici modi e vengono condizionati con quella specie di messaggio subliminale dominante secondo il quale l'ambiente fuori casa non è sicuro ed è sempre meglio restare al caldo con la mamma.

Questa tipo di legame è una forma di co-dipendenza che non consente al bambino di uscire ed apprendere le abilità di sopravvivenza ed assertività che sono fondamentali per realizzarsi in diversi ambiti (sentimentale, lavorativo, amicale ecc.).

La loro indipendenza non viene assolutamente sostenuta ed anzi, quando loro manifestano segnali e volontà di indipendenza, vengono severamente puniti per aver cercato di diventare autosufficienti.

Tutto questo può essere estremamente dannoso per gli uomini, in particolare i ragazzi, perché qui si instaurerà nella loro psiche una componente severa ed estremamente limitante meglio nota come paura dell'abbandono.

La madre narcisista covert riversa tutto il suo amore, tutta la sua attenzione nei bambini e li rende il centro del suo mondo spesso in risposta ad una cattiva relazione con il proprio compagno, padre dei suoi figli.

Se il padre non se ne è ancora andato, il più delle volte trascurerà i bambini. E trascurerà in particolare sua moglie che lo trasformerà agli occhi del ragazzo in un mostro. Il ragazzo, a sua volta per compensare questa carenza in lei, si farà carico del padre che non è presente ricoprendone il ruolo in modo però piuttosto disfunzionale.

Il bambino è dunque costretto a crescere molto rapidamente e viene ricompensato dalla madre nel modo morboso di cui abbiamo detto sopra. Diventerà essenzialmente un surrogato del compagno. È un processo che in psicologia si chiama parentizzazione.

Questo processo ha come risultato quello di creare, a volte, uomini molto sensibili, aperti e generosi ma con confini molto permeabili nei quali chiunque potrà accedervi. Non si esclude, anzi non è raro, lo sviluppo dell'omosessualità.

Le future relazioni non saranno mai uno scambio equo nel dare ed avere, loro lavoreranno sodo per soddisfare il partner perché è l'unico schema relazionale che conoscono avendolo ripetuto con le loro madri. Di conseguenza, lo ripeteranno nelle relazioni romantiche.

Il problema di fondo è che a seguito di una relazione genitoriale di questo tipo, sarà molto facile per altri narcisisti, per altri sociopatici, psicopatici o per individui borderline essere attratti da questa tipologia di persona per poi distruggerla emotivamente. Una mamma seppur narcisista covert, può anche pensare nella sua mente di fare la cosa giusta. Ma non è così. Sta semplicemente soffocando il figlio. Una relazione sana tra un genitore ed un figlio, in particolare tra una madre ed un figlio, deve fondarsi sul rispetto e sul vicendevole riconoscimento dei confini.

I bambini hanno bisogno di esplorarsi e conoscersi fino in fondo in qualunque modo. Per poi diventare un giorno la persona che vogliono diventare. Un genitore risolto, senza importanti squilibri psichici, sosterrà sempre tale indipendenza ed il futuro distacco.

Capitolo 4 – Madri e figlie

Quando nasce un bambino, per una mamma è un'esperienza incredibile. Lei scopre e conferma di esser veramente portatrice di quell'istinto ancestrale ed irrefrenabile di procreare. Scopre di essere ufficialmente una creatrice di vita. Ma mentre la maggior parte delle donne apprezza questo momento pianificando cose fantastiche per i loro figli, altre, in quello stesso momento, temono per tutto questo. L'ansia che provano per il bambino va oltre la paralisi.

Ma di cosa si preoccupano esattamente? Sono forse preoccupate di arrivare ad accudire il figlio esattamente come l'accudiva la loro madre? Questo potrebbe esser comprensibile. Non avendo avuto un modello relazionale genitore-figlio amorevole, si preoccupano di non riuscire a soddisfare o addirittura ignorare i bisogni emotivi del figlio. Temono di non essere all'altezza nel compito di essere buone madri. Magari potrebbe essere solo una convinzione o una consapevolezza distorta. Ma probabilmente è così.

Di solito, prima ancora che arrivi la gravidanza, sono già spaventate! Hanno una paura tremenda di rimanere incinte! I bambini al momento non sono nella loro agenda.

Magari sono allietate dall'idea di allevare un cagnolino raccontando a loro stesse di cominciare con quello per mettersi alla prova. Ma fondamentalmente, questa paura le blocca.

Temono di poter diventare altrettanto violente emotivamente proprio come la madre è stata cono loro. Hanno paura di non riuscire a connettersi con l'eventuale figlio proprio come la loro madre non si è mai preoccupata di connettersi con loro.

L'ansia dell'ultimo miglio

Sì, non è insolito, anzi è un fatto piuttosto comune, per la maggior parte delle future mamme preoccuparsi di quale potrebbe essere il modo migliore per diventare genitore dei propri figli. Tuttavia, per la figlia di una madre narcisista le preoccupazioni sono ben maggiori. In prima istanza, essendo consapevole del proprio vissuto, si preoccupa di voler interrompere il ciclo abusivo del narcisismo. E questo, senza apposito supporto, può essere piuttosto difficile da fare se è mancato un sano modello di riferimento. Fondamentalmente bisogna andare a tentoni.

Se sei in questa situazione e ti rendi conto che stai commettendo degli errori nel processo di crescita di tuo figlio, non biasimarti e comunque non permettere al panico di prendere il sopravvento. Magari sei figlia, o figlio, di una madre narcisista. E nonostante il fatto che tu abbia appreso uno o due tratti narcisistici da tua madre, non significa che non sei in grado di cambiare o che sei a tutti gli effetti una narcisista. Già il fatto che tu sei in grado di riconoscere il tuo vissuto, di notare errori nel processo educativo di tuo figlio, è di per sé una buona cosa perché adesso puoi prendere delle misure per correggerlo e fare meglio per lui di quanto, invece, non abbia fatto tua madre con te.

L'altro estremo

Devo adesso semplicemente avvertirti di stare molto attenta nel decidere di fare l'esatto contrario di quello che tua madre ha fatto con te. Se lo fai, infatti, potresti finire per ricreare le medesime dinamiche che hanno influenzato la relazione con tua madre. Generalmente, l'errore che si fa quando si cerca di creare qualcosa di diverso da quello che si è sempre vissuto, è quello di cadere nella trappola del pensare in termini non negoziabili. Di pensare quindi come se tutto fosse solo bianco o solo nero.

Se tua madre, ad esempio, è sempre stata ed è tutt'ora una persona incline alla rabbia, la tua tentazione potrebbe essere quella di diventare il suo esatto contrario; di diventare passiva. Di diventare colei che non si preoccupa di farsi valere e rispettare nel processo educativo anche quando è chiaramente necessario. Di essere, pertanto, sempre tranquilla e mite finendo per farsi dominare.

È frequente in simili circostanze il fatto di reagire in modo diametralmente opposto a quello che si è vissuto. Questo è un errore grande perché, senza un valido sostegno professionale, non riuscirai MAI a cambiare le emozioni che si provano in una determinata situazione.

Trovare un equilibrio

In sostanza, bisogna trovare una via di mezzo in tutto questo. E la via di mezzo include sia le cose che apprezzi tu e che ritieni congrue ai tuoi valori, sia le cose in cui crede tua madre. Non c'è nulla di sbagliato in tutto questo. Potresti ad esempio desiderare una casa pulita, proprio come lo desiderava tua madre. Ma a differenza sua puoi scegliere di incoraggiare i tuoi figli a mantenerla pulita assieme a te in un modo molto diverso rispetto a quello di tua madre. Un modo in cui i bambini non si sentano svalutati e minacciati costantemente ma sono invece fortemente motivati ad aiutare mantenendo la relazione decisamente su di un binario più stimolante.

Ancora, proprio come tua madre (non la narcisista sadica sia chiaro) si aspettava da te buoni voti a scuola, sicuramente tu adesso ti aspetterai lo stesso dai tuoi figli. A differenza di tua madre, però, potresti essere incoraggiante e non oppressiva, solidale e non vessatoria; potresti essere quindi disposta ad ascoltarli in modo da riuscire a capire con quali difficoltà stanno combattendo e allo stesso tempo mostrare disponibilità a lavorare con loro per aiutarli ad ottenere buoni voti senza esercitare alcuna pressione e soprattutto senza farli sentire non amati quando non riescono a raggiungere determinati risultati.

Se hai avuto una madre psicologicamente disordinata, adesso potrai pensare di non voler essere come lei. Così, la cosa che sentirai il desiderio di fare sarà quella di essere morbosamente attenta a tuo figlio per evitare di diventare una madre soffocante. Non ti biasimo per questo, è sicuramente una paura comprensibile. Temi che tuo figlio possa pensare che non interessandoti abbastanza a lui, non sei allora attivamente coinvolta in ogni piccola cosa che fa. Ricorda, però, che anche tuo figlio ha bisogno di spazio. Si tratta semplicemente di trovare un equilibro. Si tratta di trovare quel punto in cui dai a tuo figlio abbastanza attenzione e gli concedi però altrettanto spazio per lasciarlo libero di scoprire sé stesso e fare le proprie esperienze. Probabilmente, quando eri piccola non ti sei mai sentita compreso da tua madre, non ti ha quasi mai elogiato. Ovviamente, quello che ti consiglio di fare è del tutto diverso da ciò che faceva tua mamma. Evita, però, di arrivare all'estremo opposto lodando e incoraggiando i tuoi figli per ogni piccola cosa, inclusa quella di riuscire a mettere aria nei polmoni. Se lo fai, rischi di creare una situazione nella quale tuo figlio si sente non solo autorizzato ma nel pieno diritto di fare tutto ciò che vuole. Tanto sa che riceverà elogi pure se spaccherà il vetro della finestra con una pallonata. Quindi, se tua madre è stata incredibilmente severa con te, adesso tu cerca di non essere troppo indulgente con tuo figlio.

Il tuo bambino deve capire che ci sono dei confini. Lui ha bisogno di disciplina; ha bisogno di una guida che gli sia di aiuto nel distinguere il bene dal male. Lascialo libero di esprimersi ma preoccupati di intervenire ed intensifica la comunicazione quando tuo figlio avrà bisogno di capire perché non dovrebbe mai fare certe cose.

Tutto questo, nel medio-lungo periodo, risparmierà a te ed a tuo figlio molti mal di testa.

Senza dubbio, non è facile essere genitori. Sono sicura che il genitore perfetto non esiste. Tuttavia, per quanto ti sarà possibile, cerca di mantenere l'equilibrio mentre crescerai ed educherai i tuoi figli per evitare di finire in un'altra dinamica disfunzionale nella relazione con loro.

Saranno ciò che sei tu

Ora, dovrai anche essere consapevole del fatto che tu servirai a loro come modello da imitare nel corso della loro vita. Potresti, ad esempio, trovarti ad agire partendo dal presupposto di non essere abbastanza brava; se manterrai questa posizione, se cioè ti farai dominare da questo condizionamento, le tue azioni ed i tuoi comportamenti ne rifletteranno l'essenza ed i tuoi figli, percependolo, cresceranno assumendo questa stessa convinzione. Non ti serve dire che credi di non essere abbastanza brava! Così come non ti serve pensarlo. I bambini sono osservatori molto astuti e impareranno di più da quello che fai anziché da quello che dici.

Se non ti prendi mai cura di te stessa, se rimani in relazioni ed amicizie tossiche che non sono nutrienti da un punto di vista emotivo e di contenuto, se non insegui i tuoi sogni e non corri mai rischi preferendo rimanere nel tuo noioso cantuccio ed al sicuro, i tuoi figli cominceranno ad assorbire tutto e ad emularti. Al contrario, se ti prenderai cura di te, se sceglierai di correr dietro ai tuoi sogni, se saprai difenderti e superare le difficoltà della vita tagliando rapporti e relazioni tossiche, lo faranno anche i tuoi figli.

Mostrare empatia

In qualità di figlia di una madre narcisista, crescendo, non ha conosciuti la vera empatia. Di conseguenza, non saprai come essere empatica con i tuoi figli.

Tuttavia, l'empatia, è un'abilità che vale la pena d'imparare. Difatti, non c'è nulla che possa esser più prezioso per un bambino che l'avere una madre in grado di ascoltarlo, in grado di capirlo e sostenerlo perché riesce davvero ad entrare in empatia con lui.

La buona notizia è che solo perché non hai mai ricevuto empatia non significa che non puoi imparare ad essere empatica. Essa è come un muscolo che mentre lo alleni diventa sempre più grande. Dovrai essere in grado un giorno di mostrare empatia verso i tuoi figli per dar loro modo di connettersi con te durante momenti particolari che, come saprai, capitano nella vita di ognuno di noi.

Conoscere veramente il bambino

Ora fai attenzione perché quello che sto per scrivere potrebbe scioccarti! Sapevi che tuo figlio è in realtà una creatura che oltre che educare e crescere puoi anche CONOSCERE? Si, è proprio così amica mia. Sembrerebbe che la maggior parte dei genitori non ne sia ancora a conoscenza. Credono che crescere un figlio significhi semplicemente guidarlo. Pensano sia sufficiente dirgli cosa fare e cosa non fare, presentarsi in determinate occasioni, comprargli dei vestiti, del cibo e dargli un tetto come riparo. Se ti preoccupi costantemente SOLO dei risultati di tuo figlio e di niente altro relativamente al suo mondo, potresti avere un problema di cui non sei affatto a conoscenza. In questo modo, tuo figlio non si sentirà mai completo! Al contrario, avvertirà quella strana sensazione di essere al mondo ed esistere solo per renderti orgogliosa e felice per ciò che ha fatto, per il risultato ottenuto e non per chi è veramente. Quello che devi capire è che i suoi successi, o i suoi insuccessi, non equivalgono a chi è lui in qualità di essere umano.

Quello che otterrai se rifiuterai di entrare in connessione con la tua piccola creatura è che prima o poi lui si arrenderà e comincerà a comportarsi in modo disfunzionale e distruttivo. L'hai messo così tanto sotto pressione per fargli ottenere risultati da diseducarlo al confronto e alle conversazioni su chi è veramente e su come si sente relativamente alle cose che sta facendo. In futuro, quindi, piuttosto che venire da te per discutere, troverà una miriade di modi per lasciar andare e per allontanarsi dalle pressioni che reputa non necessarie. Generalmente, quando si scopre questo, si vive improvvisamente uno shock molto potente. Perché tuo figlio ha imparato l'arte di mostrarsi solo per ciò che TU vuoi vedere.

Ebbene amica mia, o amico mio, nell'esser genitore c'è molto di più...o almeno dovrebbe esserci. Devi e puoi conoscere veramente tuo figlio!

L'importanza delle emozioni autentiche

Un altro importantissimo aspetto nel rapporto genitoriale madre-figlio riguarda le emozioni. Un bambino dovrebbe sentirsi totalmente libero di mostrare i suoi veri sentimenti, anche e soprattutto quando ci si rende conto che alcuni di quei sentimenti non sono particolarmente positivi. Quando capita questo, ti consiglio di non provare a spegnerli in alcun modo. Non rifiutare di ascoltarli. Se lo farai, i tuoi figli impareranno a fingere mettendosi una maschera e tutte le loro vere emozioni ti saranno nascoste per sempre.

Da bambina potresti aver imparato che mostrare le tue vere emozioni è sbagliato. E quando poi, una volta diventata madre, crescerai i tuoi figli, potresti chiederti perché essi stiano diventando così problematici nonostante tu abbia fatto tutto il possibile. Potresti altresì trovare riluttante affrontarli perché non hai voglia di guardare in faccia la verità. Ma in cuor tuo, saprai che l'aver negato per troppo tempo le loro emozioni, ti costerà un prezzo troppo caro in termini di accettazione ed orgoglio personale.

Ti prego quindi di essere quanto più possibile connessa con i tuoi bambini, soprattutto quando si esprimono. È molto importante che tu lo faccia. Sappi che ci sono stati innumerevoli casi di bambini che hanno vissuto abusi sessuali e non si sono mai confidati o aperti con i loro genitori per paura di non esser ascoltati e presi sul serio.

Non incoraggiare i propri figli a mostrare le loro emozioni più autentiche è un tratto narcisistico molto serio. Cerca di non farlo. E se ne ravvisi qualche segnale, corri subito ai ripari. Ripeto: ascoltali e cerca davvero di capirli.

Motivare i bambini

Ancor prima di esser genitore dei tuoi figli, dovresti esser soprattutto loro amico, non è affatto un desiderio insolito questo. Non è strano avere la volontà di essere emotivamente molto, molto vicino a loro. E se tu non hai mai avuto una forte vicinanza con tua madre, adesso, naturalmente, potresti desiderare di averla con i tuoi figli.

Stai pur tranquilla, tua figlia rimarrà sempre tua figlia; e tu sarai sempre una madre per lei! Obbligata, in quanto tale, a svolgere quel ruolo.

Dovrai dargli una guida quando ne avrà bisogno; dovrai incoraggiarlo a mostrare la sua empatia e dovrai sostenerlo. Tutto questo, non è un dovere di tuo figlio nei tuoi confronti. Tutto questo è il dovere tuo nei suoi.

Prendersi cura di sé e connettersi agli altri

Durante il tuo percorso di guarigione come figlia di una madre narcisista, dovrai prenderti cura di te. Ma attenzione, questo non significa diventare egocentrica e trascurare i bisogni e i sentimenti delle persone che ti sono intorno. Anzi, fare questo significa fare proprio l'opposto di ciò che è necessario. Ti ricordi come era tua madre con te? Ricordi quanto fosse continuamente centrata su sé stessa e completamente in balia del proprio ego? Ecco, non devi assolutamente diventare quella persona.

Se speri di poter guarire dalle ferite narcisistiche che ti porti dietro dovrai prenderti cura di te stessa.

Dimenticarsi invece di sé e dedicarsi completamente ai figli riempiendoli di attenzioni ed amore 24 ore su 24 potrebbe avere un effetto dannoso su di loro, potrebbe insegnargli a recitare, ad indossare sempre una maschera e a trovare continuamente modi diversi per mettersi nei guai. Nota infatti che, molto spesso, i disturbi della personalità generano proprio dagli eccessi (troppo amore oppure assoluta negazione).

Se dovesse accadere questo con i tuoi figli, ora che ne sei consapevole, sarai anche in grado capire che, probabilmente, è il prodotto del tuo comportamento. Loro sono arrabbiati con te perché tu li trascuri. Le attenzioni eccessive, difatti, possono esser filtrate dalla loro psiche proprio come trascuratezza.

Assicurati quindi di rimanere in contatto il giusto con i tuoi figli e aiutali a capire che tu sarai sempre disponibile per loro, ogni volta che ne avranno bisogno.

Adesso ti starai chiedendo cosa significhi prendersi veramente cura di sé stessi in un modo che sia altrettanto salutare anche per la tua famiglia. Bene, si tratta di trovare degli espedienti e degli strumenti per sentirsi realizzati così da poter donare contemporaneamente alla tua famiglia quell'amore, quel tempo, quell'energia, quell'attenzione e quell'empatia di cui loro hanno bisogno. Devi cercare l'equilibrio perfetto, quel punto dolce e morbido di cui abbiamo parlato poco sopra. Devi renderti conto che, nella vita, esistono anche le sfumature dei colori e che non tutto è solo bianco o solo nero.

La relazione "speciale" tra le madri narcisiste e le loro figlie

In un mondo perfetto, tua madre dovrebbe essere la prima persona di cui ti innamori. Lei è essenzialmente quella che ti introduce in questo mondo. È lei che ti nutre, è lei che ti sostiene, è lei che ti aiuta a scoprirti in quanto essere umano ed è lei che ti insegna a lasciare il porto ed a navigare quanto più tranquillamente possibile nelle impervie acque della vita. Insomma, ti insegna a sentirti sicura ed a tuo agio. Tu apprendi tutto il necessario proprio attraverso di lei. Desideri ardentemente che ti abbracci, che ti tocchi, che ti sorrida e che sia sempre lì con te. Ed è proprio il modo in cui ti tratta e quello attraverso il quale è empatica con te a dettare ciò che tu senti e desideri. Ti aiuta anche a capire quale è il tuo posto nel mondo, quanto tu conti e quanto sei meritevoli di esser apprezzata.

Bene, la madre narcisista è totalmente mancante di empatia. Di conseguenza, rovina completamente lo sviluppo del figlio a livello psicologico. Tutto quello che vede nel bambino è il suo riflesso, niente più di questo. Di conseguenza, non ha alcun rispetto o limite verso i confini altrui. È beatamente inconsapevole della netta separazione che dovrebbe esistere tra sé stessa e coloro i quali la chiamano mamma.

Non riesce proprio a rendersi conto che i suoi figli sono in realtà individui separati; unici a modo loro e comunque tutti meritevoli di amore ed affetto.

Ora, indipendentemente dal modo in cui i segni e i sintomi del disturbo narcisistico della personalità si manifestano, una cosa che nell'ambiente scientifico e medico rimane come opinione costante è che il narcisista, quando si tratta di esser genitore, è terribilmente distruttivo.

In questa sede, sarà adesso necessario comprendere che gli effetti dell'avere una madre narcisista differiscono leggermente a seconda del sesso del figlio. Chiariamoci, le dinamiche sono le stesse, gli effetti altrettanto dannosi ma quando si tratta di figlie, c'è la tendenza da parte di queste ad immagazzinare il modello materno come modello di riferimento e quindi facilmente poi riproponibile in età adulta.

Una madre narcisista vivrà sua figlia sempre e non solo come una minaccia ma anche come un'estensione subordinata a sé stessa. Farà spesso uso di doppi livelli di critica e del controllo esasperato in modo da poter trasformare sua figlia in una versione più accettabile e mansueta della persona che invece desidera diventare.

Nel fare questo, proietterà molto su di lei, comprese le cose brutte e non amabili di sé stessa. Proietterà la sua freddezza, il suo egocentrismo e la sua crudeltà; proietterà anche le sue carenze. Ma non si fermerà qui. Potresti addirittura notare che la madre narcisista ha una preferenza (sempre intesa come preferenza di un individuo narcisista) per i figli maschi rischiando di instillare nella femmina odio e risentimento verso il genere maschile. Ovviamente, nel ruolo di soggetto narcisistico, la preferenza che esprime nei confronti del figlio è comunque una preferenza non sana che può spesso manifestarsi attraverso una leggera dose di abusi da parte della madre che si aspetta che il figlio maschio fornisca quel tipo di supporto emotivo che non ha potuto fornire quando era piccolo. Questo tipo di abuso è meglio noto come **incesto emotivo**.

La relazione tra la madre narcisista e sua figlia assurge al compito di stabilire la posizione di controllo della madre nei confronti della figlia che, purtroppo, subendo continue prevaricazioni, finirà nel turbinio della vergogna tossica non arrivando mai del tutto a conoscere il suo vero io. A causa della vergogna e dell'incapacità di trovare la sua voce autentica, la figlia diventa molto insicura, incapace di fidarsi della sua pancia e della sua testa.

Spesso si assume anche la responsabilità di eventuali dispiaceri di sua madre, pensando di non essere all'altezza nel ruolo di figlia o sbagliata. Non ha assolutamente idea del fatto che sua madre, semplicemente, non è in grado di comunicare in modo sano su di un piano emotivo. A volte, le cose peggioreranno a tal punto che la figlia di una madre narcisista si sentirà come se semplicemente non dovesse esistere. Questo, deriva dal fatto che sua madre la tratta continuamente come se fosse un peso mandandole, alle volte, messaggi subliminali che fanno velatamente riferimento al passato, in particolare ad una sua volontà di interruzione della gravidanza.

Inoltre, mentre alcune madri faranno del loro meglio per mentire sull'abuso verso la figlia, omettendo situazioni e cercando in tutti i modi di nasconderne i segni, altre non avranno nemmeno bisogno di fingere dal momento che si accompagnano o sono sposate con uomini talmente passivi che non sono in grado di proteggere le loro figlie. Anzi, spesso, questi uomini possono persino prendere parte all'abuso. La figlia, così, imparerà nel tempo a non preoccuparsi affatto di proteggersi e di difendere i propri diritti. Si abituerà, al contrario, a sentirsi indifesa al punto che, durante l'età adulta, non si renderà conto di quando verrà maltrattata da altri.

In un simile clima familiare, una figlia imparerà a vergognarsi in continuazione e si sentirà come se non potesse mai essere amata o accettata per come è veramente. Si ritroverà a dover sempre fare una scelta tra mettere un altro chiodo nella bara dove giace il suo sé più autentico o liberare il suo vero "io", ribellandosi quando sentirà di non esser compresa.

Quando crescerà, si ritroverà in relazioni di co-dipendenza e vivrà costantemente quell'ansia insopportabile di negare sempre sé stessa rimanendo nel suo angoletto per fare spazio agli altri. Infatti, poiché sua madre ha rifiutato il suo sé più autentico, ora lo rifiuterà anche lei!

Di conseguenza, questa figlia, scoprendo di avere questa vergogna tossica profondamente radicata e che non riesce proprio a lasciar andare, si convincerà di non andare bene e di non esser in grado di esser amata veramente. Tutte le sue relazioni saranno problematiche.

E non potrebbe essere altrimenti visto che la madre non è mai riuscita a VEDERLA ed AMARLA per quello che è veramente. Se addirittura una madre, che dovrebbe essere la persona che più di tutti ama una figlia, non l'accetta, chi potrebbe accettarla? I danni derivanti da un rapporto del genere possono essere spaventosi.

Oltre alla vergogna, poi, c'è la rabbia, ci sono il disgusto e il risentimento che lei prova nei confronti della madre narcisista. E non riesce a spiegarsi perché si sente così. I pensieri che si aggrovigliano nella testa della figlia, in queste situazioni, sono molteplici. Pensa di essere una figlia terribile; pensa di non esser meritevole delle attenzioni delle persone di successo; pensa che se la madre la critica così duramente ad ogni occasione deve esserci sicuramente un fondo di verità; pensa addirittura di esser odiata chiedendosene continuamente il perché. Così, cresce sentendosi in difetto e mai sufficientemente all'altezza di meritarsi gioia e amore; cresce pensando che i sentimenti di amore ed amicizia debbano esser guadagnati duramente, dona tutta sé stessa agli altri perché solo questo sa fare. E proprio come quando era piccola dovrà costantemente affrontare situazioni di abbandono, in tutte le sue relazioni.

Possibile che una madre, per quanto narcisista, non abbia un solo momento per prendersi veramente cura dei bisogni della figlia? Questa domanda è sempre presente nella testa delle figlie di madri narcisiste. Ma è allo stesso tempo il più grande inganno che una figlia possa vivere. La risposta è no. Ed ogni volta che lei proverà una qualche forma di avvicinamento emotivo finirà per confermare il fatto che i suoi bisogni non vengono mai riconosciuti.

Non può esserci forma di vicinanza tra una figlia e una madre narcisista. E non esiste nessuna tenera cura che una madre narcisista possa offrire a sua figlia. Mancherà sempre qualcosa. Ed il desiderare ardentemente comprensione e calore dalla donna che invece te li nega in continuazione equivale a non accettarlo mai. Ritrovarsi sempre a confermare che non c'è nessuna connessione tra te e lei è estremamente doloroso.

E adesso sei qui, perché forse non hai idea di ciò di cui hai bisogno in termini emotivi, hai forse pure paura di parlarne con qualcuno perché non sai da dove poter cominciare a nutrirti veramente ed a donarti quel conforto che non ti è mai stato concesso. Potrai cercare continuamente relazioni ed amicizie per riempire questo buco ma il più delle volte ti ritroverai ad affrontare la stessa situazione che hai vissuto con tua madre, ancora e ancora.

Crescendo con tua madre, hai capito che lei si preoccupava solamente di sé stessa e che se ne è sempre fregata di quello che ti serviva, di come ti sentivi o di chi eri veramente come persona. Anzi, se potesse, farebbe ancora del suo meglio per controllare tutte queste cose in modo che i tuoi desideri e le tue emozioni vengano sepolte per sempre e non riconosciute non solo da lei ma anche da te. Perché per lei tu puoi esistere solo in un modo. Perché per lei, tu puoi esistere solo nel SUO modo.

La madre narcisista stabilisce come devi apparire e come ti devi comportare, fregandosene di come invece vorresti essere tu. Ti critica fino a quando non ti rimane altra scelta che cedere. Sceglie i tuoi vestiti, decide riguardo la tua alimentazione, influenza la ricerca di un posto di lavoro ed addirittura si intromette nella scelta dei tuoi partner. E fa tutto questo fingendo che sia per il tuo bene. Chiariamoci, lei pensa davvero che sia per il tuo bene, diciamo che è un modo di volerti bene tutto suo e assolutamente disfunzionale. Vuole minare le tue decisioni in modo da insegnarti a non aver mai fiducia del tuo discernimento.

Inoltre, farà qualsiasi cosa per essere sempre al centro dell'attenzione. Lei deve essere sempre sotto la luce dei riflettori non tu. Lei deve essere la più bella, la più affascinante, la più amorevole e la più amata. Deve esserlo lei e non tu. Se hai un ragazzo, comincerà a dire che non va bene. E quando lui diventerà una cosa molto importante per te, allora farà tutto ciò che è nelle sue possibilità per minare il rapporto e ti farà sentire sempre in competizione, soprattutto se, appunto, c'è un maschio di mezzo.

Ti ho appena dipinto un quadro del rapporto tra la maggior parte delle figlie con le loro madri narcisiste. Credimi, ma forse già lo saprai, non è affatto carino perché il trauma di tutto ciò può lasciarti con ferite emotive e mentali molto brutte.

Ho, però, una bella notizia per te, se vorrai, potrai recuperare tutto il tempo perso! Potrai riprenderti dalla vergogna e dal rifiuto con cui hai convissuto sino ad ora. Certo, sicuramente ci vorrà del tempo ed anche parecchio sacrificio, oltre ad un percorso terapeutico che sento di consigliarti, ma credimi, e dico davvero, se vorrai, sarai in grado di rompere con la co-dipendenza.

La strada della guarigione implica una chiara comprensione del fatto che tutte le cose che tua madre ha fatto e ha detto per farti vergognare di te stessa sono prive di fondamento e lontane da qualsiasi verità. Dovrai piano piano abbandonare quella voce negativa nella tua testa - quella di tua madre - e al suo posto crearne una nuova. Una voce che comincerà a nutrirti, a sostenerti e ad amarti. L'amore e la fiducia in sé stessi sono la chiave. E se hai veramente voglia di cambiare e lasciarti alle spalle tutto questo dolore, dovrai partire proprio da qui. Dal rafforzare la tua autostima e l'amore per te stessa.

Capitolo 5 – Gli effetti dell'esser cresciuti da un genitore narcisista

Se sei stato cresciuto da un genitore narcisista, il tuo modo di agire e relazionarti con gli altri avrà subito condizionamenti piuttosto importanti.

Alcuni individui, nel momento iniziale di una certa consapevolezza, potrebbero persino aver paura di essere, a loro volta, diventati narcisisti. Questo, è sicuramente possibile purtroppo ma, nella maggior parte dei casi, generalmente, si subiscono in modo piuttosto marcato solo gli effetti collaterali di questo disturbo. Non se ne acquisiscono tutti i tratti pervasivi. O almeno non fino al punto di arrivare a diagnosticare un disturbo narcisistico della personalità.

Durante la crescita, molti figli di mamme con il disturbo narcisistico della personalità hanno affrontato critiche, giudizi severi e condizionamenti su ogni piccola cosa che facevano. Era come avere sempre e costantemente qualcuno dietro, in piedi che osservava continuamente. Osservava mentre cucinavano, mentre pulivano o mentre facevano qualcos'altro in casa. La situazione era sempre difficile perché nel momento che questi figli facevano qualcosa, finivano sempre per l'esser interrotti e ragguagliati su come avrebbero dovuto fare questo o quello. Insomma, erano nella situazione di essere giudicati in ogni momento. Si sentivano in colpa per non aver fatto una determinata cosa? Bene, rimediavano ma immediatamente dopo ricevevano il solito giudizio negativo, la solita critica. In sintesi, loro non potevano mai andar bene. C'era sempre qualcosa che non andava.

Questa è una forma di manipolazione molto potente. Ed il prodotto di tutta questa metodica, sottile ed incessante manipolazione è un profondo condizionamento psichico ed emotivo.

Queste tattiche di manipolazione hanno lo scopo di dare potere al genitore narcisista. Ad esempio, durante un litigio, il figlio abusato può sentirsi comunque sempre in colpa, anche quando è il genitore ad esser palesemente nel torto. Fa fatica a capire veramente i suoi pensieri e si attribuisce stati d'animo giudicanti in funzione di ciò che la mamma gli dice continuamente.

Un'altra forma di manipolazione di medio-lungo termine è la costante opera di confusione mentale indotta nel figlio mediante l'omissione della verità.

A differenza dei padri narcisisti, le madri sono più passive nei loro abusi, meno violente fisicamente ma sicuramente più ficcanti emotivamente. Ad oggi, non abbiamo a disposizione un elevato dato statistico per certificare una differenza in termini percentuali tra l'abuso fisico di un padre e quello emotivo di una madre, ma quando trattiamo il narcisismo materno e leggiamo materiale sia on-line che off-line, ci rendiamo conto che le madri, generalmente, sono molto più passive.

Una delle strategie più comuni è quella di fingere di ignorare. Ignorare di aver detto o fatto qualcosa ad esempio; oppure ignorare di aver visto il figlio subire un danno. È una forma di gaslighting che ha lo scopo di disconnettere il bambino dalla realtà.

Sappiamo che il narcisista non riconosce i propri difetti e non ammette mai di sbagliare. Al contrario fa tutto il necessario per convalidare la propria prospettiva. Anche quando ha palesemente torto. Magari se ne esce con frasi tipo "tu non stai bene", oppure "ti devi far curare"...questi sono schemi comunicativi che hanno il fine di far sentire l'interlocutore, in questo caso il figlio, pazzo. L'incolpare un bimbo è forse il peggior strumento di manipolazione che ha a disposizione il genitore narcisista. Farlo perdurare nel tempo è una forma di abuso di una violenza inaudita. I bambini non hanno MAI colpe per i problemi dei loro genitori. I bambini non sono capri espiatori e non devono sentirsi in colpa per la loro presenza.

Quando cresciamo, diventiamo responsabili delle nostre emozioni e l'aver passato momenti terribili durante la nostra infanzia non ci deve allontanare dalla possibilità di tornare ad esser in grado di fare determinate scelte.

Da bambini, non siamo in grado di decidere. E quando abbiamo la sfortuna di esser cresciuti da un genitore narcisista avremo pochissime possibilità di poter sviluppare quel senso di indipendenza sano che sarà in grado di sostenerci durante gran parte del nostro percorso di vita. Purtroppo, alcuni genitori ignorano tutto questo, non sanno quanto possa esser dannoso per un figlio abusare di lui fisicamente ed emotivamente. Per loro, generalmente i figli diventano adulti troppo presto. Ignorano che i nostri cervelli non smettono di svilupparsi fino ai 23/25 anni. Così ne abusano, spesso rubando loro l'infanzia e non lasciandoli mai liberi di esprimersi come vogliono. Vuoi giocare a pallone? No, devi suonare il pianoforte. Ti piace il ballo? No, devi diventare brava a nuoto. Hai voglia di giocare con i tuoi amichetti? Solo un'ora però, poi devi studiare. Insomma, una continua opera di condizionamento che taglia come una lama ben affilata la psiche del bambino.

Come un genitore narcisista influenza il tuo stato mentale

L'educazione di una madre narcisista può segnare in modo piuttosto profondo la psiche di un figlio. Può segnarla fino a tal punto che, in età adulta, potrebbe capitare di continuare a sentire ancora quella vocina invadente, giudicante e cattiva nella testa. È una specie di lavaggio del cervello. Ovviamente, va detto che ogni caso è diverso ma, fondamentalmente, i suoi giudizi sono ormai così radicati nel subconscio che qualsiasi cosa tu voglia fare ti sentirai comunque condizionata. O meglio, agirai sulla base di quel condizionamento.

Purtroppo, quando si è vissuti per anni nel bel mezzo di un abuso, tutto questo è assolutamente normale. Capita spesso di far risuonare nella propria testa la voce del molestatore, anche quando si ha voglia di farla andare via. E quando determinati sentimenti emergono, quando essi arrivano fino in superficie, potrà capitare di scappare da loro per paura di affrontarli. E così, piuttosto che guardare ai propri sentimenti, si potrebbe finire per preoccuparsi solo dei sentimenti degli altri. Ad esempio, in una situazione di malessere generale, quando ci sono più persone arrabbiate o preoccupate per qualcosa, piuttosto che prendersi cura di sé stessi si fa di tutto per tentare di compatire gli altri ed aiutarli ad uscire dalle loro preoccupazioni, sebbene quelle stesse preoccupazioni, forse anche più profonde, le abbia anche tu. Ignorare le proprie esigenze è assolutamente normale per coloro che sono stati abusati da genitori narcisisti in passato. Quelle stesse emozioni possono sicuramente riemergere, da un momento all'altro, anche se non usciranno mai nello stesso modo di prima. Rimane però un fatto: esse ti condizioneranno nei rapporti sociali e saranno molto invalidanti.

Quando si cresce con un genitore narcisista, quando lui per gran parte della vita ti fa sentire una nullità, alla fine potresti pensare che sia davvero così e potresti addirittura finire per cadere in uno stato di forte disperazione nel quale non riesci a fare nulla e dove hai difficoltà persino a prendere decisioni per le cose più semplici come lavare i piatti o farti una doccia.

Potrebbero cronicizzarsi dentro la tua testa pensieri costanti relativi ad una tua presunta indegnità rendendoti impossibile l'esistenza. Tutto questo potrebbe trasformarsi in rabbia. Potresti provare rabbia per tua madre, rabbia per te stesso e rabbia per il mondo intero. È un risentimento che generalmente nasce in risposta ad un senso di colpa che non ha motivo di esistere visto che tutto questo non è dipeso da te: quello di per aver permesso che questo abuso accadesse. Potresti diventare addirittura distruttivo con le persone, potrebbe crescere odio dentro di te fino ad arrivare a patire uno stato di autentica disperazione. Indipendentemente da ciò che senti ora, potrai ben capire che il tuo carattere è stato totalmente influenzato. Se prendiamo come termine di paragone una relazione romantica di qualche anno con un narcisista, sicuramente ci saranno ferite che dovrai suturare. Tuttavia, passare 18/20 anni della tua vita ed anche più con un genitore narcisista, significa che adesso dovrai controllare costantemente tutti i tuoi pensieri e ricordare continuamente a te stesso che buona parte di quello che pensi non è altro che il prodotto di quel condizionamento e che quella vocina che ancora ti opprime dovrà necessariamente esser silenziata. In un modo o nell'altro.

Montagne russe emotive

Come già descritto in un altro mio libro (Il Narcisismo), vivere con una persona narcisista equivale a stare su di un ottovolante emotivo. La relazione vive di alti e bassi e qualunque cosa tu cerchi di fare serve a ben poco. In queste circostanze, uscire dal ciclo tossico della relazione è estremamente difficile.

Le montagne russe narcisistiche, all'inizio, regalano bellissime emozioni.

Va tutto bene! Si va meravigliosamente d'accordo, si è entusiasti di quello che succederà. Sembra tutto perfetto. Ovviamente questa fase è parecchio evidente nelle relazioni romantiche.

Prendiamo ad esempio un ragazzo ed una ragazza, il ragazzo è un narcisista. Sceglie una ragazza da corteggiare in base al fatto che è dolce, premurosa ed emotiva. Queste sono le caratteristiche che generalmente attraggono i narcisisti. Così, inizia la fase di bombardamento d'amore dove lui comincia a dirle tutto quello che lei vuole sentirsi dire.

È lì per aiutarla nei momenti più brutti; le dice che si prenderà cura di lei per il resto della sua vita e che non le succederà mai niente di male. La riempie di regali ed attenzioni e lei, ovviamente, non avverte nulla, nessuna bandiera rossa, tutto sembra andare perfettamente.

In una relazione genitoriale, le cose vanno invece diversamente.

Il figlio sta con il genitore narcisista fin dalla nascita, manca quell'improvvisa fase dell'incontro iniziale dove tutto sembra bellissimo. E di conseguenza anche un'eventuale fuga del *prima che sia troppo tardi* non è possibile.

Ti starai probabilmente chiedendo se in una relazione narcisistica genitoriale esista o meno la fase di love-bombing. Ebbene si, esiste. Ma si manifesta diversamente. Potrebbe, ad esempio, presentarsi in occasione di un nuovo lavoro oppure al termine di una dipendenza, quando il genitore smette di bere. O ancora in occasione dell'acquisto di una nuova casa, della partenza per un viaggio ecc. Generalmente, in queste occasioni, il bombardamento può esser presente. Il genitore, infatti, è disponibile ed amorevole e il figlio si sente emotivamente appagato. Bene, sta salendo sulle montagne russe.

Quando poi si arriva in cima le cose iniziano a peggiorare. Comincia la fase della discesa nella quale potrebbero esserci liti ed alterchi di ogni tipo e tutto torna com'era prima che si verificasse questo cambiamento. Magari, momentaneamente il problema si risolve, il genitore sembra dispiaciuto, riconosce quello che ha fatto e si scusa pure alle volte. Tuttavia, ciò non significa nulla, finirà per rifare le stesse cose. È un ciclo che si ripropone continuamente, cambia solo nell'intensità. E si hanno picchi estremamente violenti alternati da momenti di apparente calma, qualche dolcezza per poi riprecipitare nell'abisso.

Il senso di colpa

L'abuso sui minori, in qualsiasi forma esso si attui, alla fine porterà sempre a periodi di auto-colpevolizzazione. Cosa significa questo? Come abbiamo già detto, spesso il bambino si sentirà responsabile non solo della sofferenza dei suoi genitori ma anche delle cose che gli sono successe, molte delle quali, come avrai ben capito, non sono state affatto colpa sua.

Quando siamo ancora dei bambini innocenti, non abbiamo controllo sul modo in cui gli altri ci trattano. Ecco che, se cresciamo in una famiglia dove gli abusi sono frequenti, alla fine di tutto, saremo ancora in grado di sentirne quel terribile peso. Ciò, ha come conseguenza quella di andare a creare ed alimentare un'immagine di noi stessi danneggiata ed accompagnata da costanti sentimenti di rimpianto e rimorso. Si può arrivare persino ad avere spesso pensieri ruminanti, senso di colpa appunto ed addirittura la sindrome post-traumatica da stress. Di fondo, il rimpianto non è sempre una brutta cosa. Può portarci a fare un'analisi relativa al nostro passato ed al nostro vissuto e ad assumerci la responsabilità di eventuali errori commessi. Il fatto è che, quando si è nel ruolo di figlio di un genitore narcisista, non si fa nulla di male per arrivare a subire quegli abusi. Non si ha la possibilità di scegliere i genitori. Capitano. E quando questo accade, l'opportunità di sentire pienamente le emozioni ed imparare ad esprimerle in modo sano non arriva mai.

Dobbiamo considerare che la mente di un bambino piccolo è molto fragile. I bambini non vedono il mondo con occhi empatici. Sono parecchio egoisti durante la crescita perché la loro mente funziona così. Fanno in modo di ricevere cure assicurandosi che i loro bisogni di base vengano soddisfatti. Questo processo, nel caso di un bambino che cresce in un ambiente familiare dove almeno uno dei due genitori è un narcisista, viene inquinato ed interrotto dal continuo abuso. Di conseguenza, il bambino non avendo controllo relativamente all'educazione ricevuta, può interiorizzare tutto questo come una colpa ed arrivare a concludere che, se quel genitore si è comportato in un certo modo, la colpa è soltanto sua. Non ha potuto capire! Gli è stata volutamente omessa la realtà di determinati aspetti e come reazione naturale il bambino ne ha allontanato la vera percezione. Quando poi, più avanti, subentra il rimorso, lui si sentirà in colpa per non esser stato capace di occuparsi di una situazione che, in fondo, poteva esser gestita. Potrebbe così apprendere il paradigma secondo il quale avrebbe potuto fare di meglio interiorizzando il senso di colpa e contestualizzandolo in ogni circostanza. Così, per lui, sarà più facile etichettare ogni situazione come positiva o negativa, perché è l'unica cosa che ha imparato a controllare, e creare una capacità di ragionamento distorta proprio perché durante la crescita, questa capacità non ha avuto modo di svilupparsi completamente. Ciò significa che, alla fine, finirà per non avere una prospettiva chiara della realtà creando invece la prospettiva del "tutto o niente". Dubiterà sempre di sé stesso e potrebbe persino arrivare al punto di farsi volontariamente del male. Le relazioni saranno tormentate e governate da un costante stato d'ansia. Tutto questo, è il prodotto del non riuscire a capire perché QUEL genitore ha potuto fargli così male.

L'autostima irreale

Allo stesso modo in cui figlio di un genitore narcisista si critica e si colpevolizza all'infinito, potrebbe anche scoprire che, in alcuni casi, gonfia esageratamente il suo ego.

Un genitore narcisista sovente è molto bravo ad elevare fino alle stelle il proprio figlio per poi sbatterlo immediatamente dopo all'inferno. Possono frequentemente dire qualcosa del tipo: "Oggi a scuola eri più bella di chiunque altro. Se solo fossi anche intelligente!" Riescono sempre a trovare un modo per complimentarsi con te e farti sentire al settimo cielo ma sono anche perfetti nel tagliarti dove fa più male. Questo crea una percezione molto distorta della realtà e spesso si ha la difficoltà a determinare quale sia la verità rispetto a ciò a cui ci è stato insegnato a credere (forma di gaslighting).

Il punto è che in questi casi, o si pensa di essere migliori di tutti gli altri oppure si pensa di essere persone terribili. Il bambino ha ottenuto un buon voto nel test a scuola? Deve essere più intelligente del resto dei suoi compagni di classe. Ha fallito? È la persona più stupida che abbia mai camminato sul pianeta. Questo paradosso, questo processo educativo contraddittorio non è sano. Non ci si può permettere di pensare in modi così estremi! Farlo equivale a stare dentro un cannone malfunzionante che può sparare in aria senza alcun preavviso. Se si cresce con questo dualismo interiore ci si abitua a crearsi false aspettative. E quando queste puntualmente non si verificano, ci si sentirà peggio di uno straccio. Bisogna invece riconoscersi come individui in totale equilibro. Siamo sia buoni in alcuni casi che cattivi in altri. E questo non ci rende né persone terribili che non meritano nulla né persone grandiose cui invece tutto è dovuto.

Avresti dovuto iniziare quel progetto molto prima? Probabilmente. E questo ti rende una persona cattiva? Assolutamente no. Hai aiutato un amico con il trasloco quando lui si è trasferito? Ok, questo sicuramente dimostra che sei un buon amico ma non significa che sei l'amico migliore di tutti gli altri e che di conseguenza meriti di ricevere sempre un trattamento speciale.

A volte, questo senso di importanza gonfiato deriva dall'educazione ricevuta dai nostri genitori. Loro potrebbero aver parlato in un determinato modo e potrebbero altresì aver proiettato i loro tratti narcisistici su loro figli. Oppure potrebbero aver reso una consuetudine il fatto di fare sempre confronti con gli altri che, secondo loro, erano più meritevoli di ricevere determinati apprezzamenti.

Alla fine di tutto l'unica cosa che conta è stare bene con noi stessi; essere orgogliosi dei risultati quando ci sono ed altrettanto sereni quando essi tardano ad arrivare. Bisogna sempre cercare di essere emotivamente allo stesso livello delle altre persone e di trattarle nello stesso modo in cui vogliamo esser trattati da loro. Se qualcun altro facesse la stessa cosa, come lo giudicheremmo?

Ecco, questo è ciò che dovremo chiederci continuamente durante un eventuale processo di recupero.

Scarsa autodisciplina

Generalmente, i figli di genitori narcisisti, poiché non sono stati in grado di imparare a gestire le loro emozioni quando erano bambini, avranno una scarsa capacità di autodisciplina. L'autodisciplina non significa esser troppo severi con sé stessi ed avere sempre un atteggiamento critico relativamente alle nostre azioni. Significa avere un alto livello di disciplina sapere cosa fare, cosa si vuole ed avere un valido piano d'azione per ottenerlo. Quindi, il motivo per cui scopriamo di non avere autodisciplina è, di solito, individuabile nella scarsa capacità nel gestire le nostre emozioni. È molto importante imparare a separare le emozioni dalle reazioni che si hanno.

Facciamo alcuni esempi: scopri di soffrire di fame nervosa ed ogni volta che litighi con tua madre vai verso il congelatore per prendere un gelato oppure nella dispensa per prendere delle patatine. Questo, a lungo andare, potrebbe portarti ad aumentare di peso. Così, inizi a incolpare te stesso per non avere autodisciplina. Perché invece non riesci semplicemente a dire di no alle patatine? Il motivo è presto detto! Non sei in grado di controllare le tue emozioni. Stai ancora lottando per riconoscere e regolare le tue emozioni, pertanto, continuerai ad agire impulsivamente. Il problema non riguarda né te e né la tua personalità. Il problema è che non ti è mai stato insegnato adeguatamente a controllare le tue emozioni ed i tuoi sentimenti e riuscire di conseguenza a gestirli.

Ancora, pensi di avere un brutto carattere e di non riuscire a fare a meno di aggredire verbalmente le persone quando ti arrabbi. Pensaci bene però, quando sei nato, eri arrabbiato? Assolutamente no. Semplicemente non ti è mai stato insegnato a separare una determinata emozione dalla relativa reazione. Le tue emozioni, la rabbia, la tristezza che ti porta ad aprire il frigorifero compulsivamente, la frustrazione, la colpa, l'ansia, l'indecisione, ecc. sono tutti sentimenti molto validi. E tu sei perfettamente normale. Sia nell'averli che nel produrre pensieri relativamente a questi. Il blocco si ha quando non si riesce a gestire l'azione impulsiva che deriva da una determinata emozione. Provare rabbia è assolutamente normale! Colpire con un pugno la porta quando si è arrabbiati non lo è.

La rabbia verso sé stessi

Spesso, il figlio di un genitore narcisista ha rabbia repressa dentro di sé.

Il fatto di non aver avuto mai la possibilità di esprimere le proprie emozioni, può portare il bambino a tenerle dentro di sé ed a trasformarle in rabbia repressa. A lungo andare, infatti, il non riuscire ad esprimere i propri sentimenti, le proprie emozioni e a non condividerle con altri genera rabbia che in qualche modo ha bisogno di esser espressa.

La rabbia è un qualcosa di molto importante di cui val la pena discutere, specialmente relativamente ai figli di madri narcisiste. È uno stereotipo molto comune credere che gli uomini abbiano più probabilità di essere arrabbiati rispetto alle donne ma non possiamo trascurare il fatto che questa potrebbe invece essere per tutti un aspetto importante nel recupero dall'abuso emotivo. Quando siamo piccoli, spesso non ci viene permesso di arrabbiarci con i nostri genitori. Ci viene rimproverato anzi di non avere un certo atteggiamento oppure ci si colpevolizza per l'aver esternato determinate emozioni. Purtroppo, nessuno ha il pieno controllo della rabbia che prova ma piuttosto che insegnarci a gestirla correttamente, ci viene trasmesso che bisogna reprimerla. E quello che succede è che questa rabbia non scompare mai. Immagina ad esempio di agitare una bottiglia di coca-cola. Se la agiti troppo forte, potrebbe anche scoppiare. Se invece la agiti meno, sicuramente non esploderà ma una volta aperta, la bibita sarà molto diversa da quella che era all'inizio. Così, se con questa rabbia non ci facciamo mai niente, se non troviamo il modo canalizzarla e buttarla fuori può arrivare a distruggerci intimamente.

Quando siamo arrabbiati, le nostre emozioni sono come anestetizzate. Ma la rabbia stessa è una risposta secondaria ad un'emozione rimasta dentro di noi e non espressa. Depressione, ansia, stress e altri disturbi della salute mentale possono generarsi proprio da una mancanza di espressione sana della rabbia. Questo processo è molto frequente nei figli di genitori narcisisti. Siccome non gli vengono forniti gli strumenti necessari per comprendere ed esprimere le emozioni, loro fanno ciò che possono da soli per cercare di gestire (male) questi sentimenti reprimendoli, generando rabbia repressa e finendo per star male. Facciamo anche qui degli esempi per comprendere meglio determinati processi. Gridare ad un amico o al proprio partner può sembrare opportuno in determinate circostanze, viene associato al recupero del potere all'interno di una discussione. Sicuramente questo può contribuire ad attirare la sua attenzione e lui sembra addirittura disposto ad ascoltarti. Ma non è una forma comunicativa sana ed a lungo andare può generare attriti. Altro esempio calzante può esser quello di coloro che si sfogano con gli oggetti. Il telecomando della TV non funziona? Allora lo sbattono per terra impulsivamente magari ottenendo non l'effetto sperato di farlo funzionare ma bensì quello di romperlo. Ovviamente, anche questo modo è sbagliato. Questi comportamenti, purtroppo, ingigantiscono la rabbia e producono l'effetto contrario di confondere la situazione. È come un voler tentare di controllare quelle emozioni che invece ci rendono impotenti.

Infine, la rabbia potrebbe portare addirittura all'autolesionismo. È l'evoluzione estrema del senso di colpa indotto dall'educazione ricevuta dal genitore narcisista. Quando si arriva a fare uso di alcol e droga, quando si arriva ad infliggersi del dolore, quando ci si priva volontariamente di bisogni naturali come mangiare o quando addirittura si esaspera in comportamenti eccessivi nell'alimentazione significa che si è arrivati all'autolesionismo, al farsi del male da soli. Perché questa è l'unica cosa che sembra esser sotto il nostro controllo. In quel momento, siamo RESPONSABILI del nostro dolore. Ne abbiamo provato così tanto in passato che è come se lo ricercassimo perché ci appare come familiare. Ed anzi, adesso non sono altri a farci del male perché siamo in grado di farcene da soli e paradossalmente ci sentiamo come se fossimo in grado di prenderci cura di noi stessi. Ci abbuffiamo di cibo per poi purificarci provocandoci vomito. Ci ubriachiamo per non pensare. Ci droghiamo per evadere. Non gestire la rabbia po' comportare tutto questo e molto altro. Non gestire la rabbia significa non solo non aver imparato a sentire le nostre emozioni ma significa soprattutto l'aver deciso per sempre di non imparare a farlo.

Contro-dipendenza

Abbiamo discusso brevemente della co-dipendenza e di come questa possa influenzare le relazioni. Diamo ora un'occhiata a cosa è invece la contro-dipendenza ed in che modo essa si manifesta.

Quando dipendiamo da altre persone, spesso ci fidiamo di loro. La causa della dipendenza affettiva è spesso individuata in una bassa autostima o in un'incapacità di riuscire a mantenere il controllo nella maggior parte delle situazioni. Diciamo che ci piace molto mettere il nostro destino nelle mani degli altri perché così è più facile scrollarsi di dosso ogni responsabilità. Difatti, quando non ci fidiamo delle nostre decisioni e ci sentiamo incapaci di fare determinate scelte, è molto più facile sperare che sia un'altra persona a farle, magari anche nel modo migliore possibile.

Cos'è invece la contro-dipendenza? La contro-dipendenza è l'opposto della dipendenza e sta ad indicare il non fidarsi di nessuno. Spesso, nella vita di un bambino, c'è una rottura del legame emotivo, generalmente con un genitore, che può causare un trauma di questo tipo. Questo capita sia quando il bambino è distante fisicamente dal genitore che quando ne viene allontanato frequentemente, magari per esigenze lavorative del genitore, ed affidato ad esempio ad una tata. Ciò, comporta, nel corso del tempo la perdita di fiducia negli altri. Quindi, nel caso di una figlia di madre narcisista, è molto probabile il verificarsi di un processo simile: un costante senso di abbandono che porta il bambino a rinunciare a dipendere da altre persone. In sostanza, è come se si diventasse adulti troppo presto, con tutte le conseguenze che ne derivano.

Esser contro-dipendente significa sentire sempre il bisogno di avere ragione. Anche quando si sbaglia, si manifesta la necessità di cercare sempre un modo per avere ragione o far credere di esser stato frainteso, perché in caso contrario, l'ego potrebbe soffrirne ed esserne danneggiato.

Inoltre, non avendo mai vissuto un legame totalizzante con il genitore sarà difficile riconoscere la fiducia nelle relazioni e di conseguenza si tenderà ad evitare relazioni forti e legami solidi di vicinanza con gli altri.

Con l'avvento dei social media poi, l'esternare determinati stati d'animo è diventata una valvola di sfogo. Nelle bacheche dei nostri amici se ne vedono molti di stati con scritto "non fidarti di nessuno"; così come se ne vedono di simili tatuati sul corpo.

Ora, è sicuramente vero che in questo mondo ci sono persone di cui non possiamo fidarci ma dobbiamo comunque tenere a mente che anche evitare in modo assoluto di fidarci di qualcuno non è salutare. Soprattutto quando ciò è così limitante nell'influenzare la nostra vita.

È importante, quindi, essere un individuo sano e indipendente. Tutti dovrebbero puntare ad avere un certo livello di autonomia attraverso il quale manifestare determinate capacità e migliorarle quotidianamente. Scegliere di essere indipendenti significa vivere al massimo delle nostre potenzialità. Però, allo stesso tempo, una persona sana ed autonoma sa anche riconoscere che in alcune circostanze è necessario esser disposti a fidarsi degli altri perché mai e poi mai nella vita sarà in grado di fare TUTTO da sola.

Questo tratto di contro-dipendenza potrebbe far emergere alcuni aspetti narcisistici come l'essere più egocentrici o avere un carattere egotistico. Si potrebbero anche avere problemi nel chiedere aiuto quando se ne ha effettivamente bisogno perché il chiedere aiuto potrebbe esser vissuto dal contro-dipendente come vulnerabilità o debolezza. E dopo aver considerato questo, ci si potrebbe infine chiedere se si è narcisisti o meno. Bene, come abbiamo già detto, sicuramente l'esser stati cresciuti da un genitore narcisista potrebbe comportare lo sviluppare qualche tratto narcisistico. Ma questo non significa necessariamente integrare il narcisismo patologico.

Capitolo 6 - Manipolazione mentale e controllo

La manipolazione si riferisce all'uso di tattiche indirette per controllare una relazione, un determinato comportamento o le emozioni. Con la manipolazione, in realtà, si cerca di convincere qualcuno a fare qualcosa che non vuole fare per assicurarsi quindi di fargli fare quello che vogliamo. Essa può essere sia positiva che negativa. Si potrebbe difatti manipolare qualcuno per fargli fare ciò che si vuole a beneficio di entrambi o manipolarlo per fargli fare qualcosa che non è buono per lui ma solamente per noi.

Nelle relazioni narcisistiche, con rilevanza ovviamente maggiore in quelle di tipo romantico, la manipolazione può avere molte conseguenze e di solito viene associata all'abuso emotivo, specialmente quando si condivide un legame stretto con un'altra persona.

È fuori di dubbio quindi, ma è anche giusto che sia così, che molte persone guardano alla manipolazione in modo assolutamente negativo, specialmente quando questa fa male alla salute emotiva e mentale della persona che viene manipolata.

I narcisisti ti manipolano in modo da avere il controllo totale della relazione e dell'ambiente in cui vivi. L'impulso di manipolarti deriva dal fatto che loro devono far fronte ad una forma profonda di ansia e paura che non riescono a gestire in altro modo.

La madre narcisista non sa come interagire con le altre persone e, a tal fine, crea astutamente determinate situazioni in modo da apparire esente da ogni responsabilità. Crede che l'unico modo per gestire una situazione con il marito o il figlio sia assicurarsi che i suoi bisogni siano soddisfatti. Questo è tutto ciò che conta nel rapporto con gli altri, compreso quindi anche il rapporto con un eventuale figlio.

Fondamentalmente, ogni cosa ed ogni situazione viene filtrata in relazione a ciò che gli altri pensano di lei e valutata, appunto, in assenza di ogni comprensione solo ed esclusivamente come proprio tornaconto. Ciò che gli altri sentono, per lei, non ha alcuna importanza.

Non ha proprio il tempo di interrogarsi per cercar di capire quale sia il problema. Bada solo a cercar di apparire in un certo modo per salvaguardare la propria maschera.

3. Non rispettare i confini

La madre narcisista non sa cosa siano i confini. Cercherà sempre di prevaricarli per ottenere ciò di cui ha bisogno senza valutare se la sua condotta possa far male o meno. Invaderà gli spazi del figlio in tutti i modi senza preoccuparsi di ciò che lui può sentire.

Non è in grado di capire di cosa lui ha bisogno, di quali sono i suoi spazi e i suoi desideri ed anzi gli dirà che non gliene importa nulla. L'importante per lei è solo soddisfare le proprie esigenze.

Prevaricando gli spazi del figlio, finirà per indebolirlo, umiliarlo, esaurire la sua energia e persino farlo fallire.

4. Incolpare sempre gli altri

Le madri manipolatrici evitano qualsiasi tipo di responsabilità ed anzi incolpano gli altri per aver causato il problema. Capiscono chiaramente cos'è la manipolazione e non vedono nulla di male nell'attribuire la responsabilità di circostanze spiacevoli a qualcun altro.

Ottengono il nutrimento tanto ambito quando gli altri si assumono la responsabilità di un qualcosa al posto loro e cercheranno di usare questa responsabilità per soddisfare le loro esigenze senza lasciare spazio agli altri per soddisfare le proprie.

5. Essere predatrici

Il predatore narcisistico è qualcuno che banchetta sulle vulnerabilità altrui in ogni momento. Le madri narcisiste useranno a loro vantaggio qualsiasi debolezza il figlio abbia per farlo inchinare ai loro ordini.

Sanno magari che il figlio ha un cuore gentile e quindi lo useranno per fargli fare quello che vogliono.

All'inizio potrebbero cominciare assecondandone le gentilezze e la bontà magari lodandolo per la persona meravigliosa che è. Ma questo ha il solo fine di farlo entrare nella loro rete di inganni per meglio manipolarlo. Nel tempo, le lodi si ridurranno perché vogliono solo usare e lasciar andare. A loro non importa nulla dei figli! Quello che importa è quello che loro possono fare per renderle felici.

6. Parlare male degli altri

Se vuoi conoscere le vere intenzioni delle madri manipolatrici dovrai prestare attenzione al modo in cui parlano agli altri di te e viceversa. Quello che ti dicono relativamente altre persone è quello che diranno agli altri di te.

Hanno imparato molto bene l'arte della **triangolazione** in base alla quale creano varie situazioni alimentando un ambiente di gelosia, rivalità e creando molte disarmonie.

7. Invitare nel loro "spazio"

Uno degli altri segnali più importanti di un manipolatore è il riuscire sempre a trovare un modo per portarti nel loro spazio in modo da poter prendere il controllo della situazione. Una madre narcisista può di fatto creare per sé stessa uno spazio personale (cucina, camera da letto, soggiorno, ecc.) nel quale sente di avere il controllo totale.

Solitamente, lo spazio personale per un manipolatore è lontano da altre persone. Lo sceglie appositamente per evitare che esse possano interferire nel processo di manipolazione della vittima.

Questa loro "zona di comfort" farà sentire la vittima a disagio anche quando si tratta della casa in cui magari la vittima vive da molti anni non dandole modo di conseguenza di reagire adeguatamente.

8. Fingere di ascoltare

All'inizio, una madre narcisista si mostrerà come un'ascoltatrice molto attenta. Terrà un buon comportamento e sembrerà davvero interessata a quello che il figlio dice. In realtà, però, sta solo cercando i suoi punti deboli per cominciare poi con la svalutazione.

Cerca eventuali debolezze in modo da poter trovare qualcosa per criticare, giudicando al solo fine di soddisfare il proprio ego.

Magari, in alcuni momenti, permetterà al figlio di parlare per parecchio tempo per poi rigirare determinate informazioni per usarle contro di lui. Potrebbe persino arrivare al punto di rivelare ad altre persone segreti che il figlio ha condiviso con lei in passato.

9. Esagerazione

La madre manipolatrice trova sempre un modo per avere ragione. E quando si rende conto di aver stravolto il significato dei fatti per prendersi la ragione e glielo si fa notare, inventerà improvvisamente altre situazioni.

Usa spesso le parole del figlio per andargli contro cercandone altre per far sembrare il tutto una mezza verità. Se il figlio proverà a sfidarla, distorcerà il senso di ogni parola e comincerà a dipingerlo in modo negativo.

Per confondere ulteriormente, spesso fa uso di molte informazioni in modo che il figlio non sappia più come e quando rispondere. L'obiettivo è farlo sentire così sopraffatto da non poter elaborare quel sovraccarico di informazioni.

In conclusione, finirà per prendere decisioni al posto del figlio il quale se vorrà andare d'accordo con lei, dovrà, ovviamente, sottomettersi.

10. Rumoreggiare

Per qualche curioso motivo, le madri narcisiste pensano che parlare ad alta voce le farà sembrare più intelligenti di chiunque altro. Lo fanno sempre, accompagnando il tutto con movimenti del corpo molto aggressivi e gesticolando. Sicuramente ricorderai qualche circostanza in cui, recandoti ad un evento assieme a lei, nelle discussioni con gli altri lei era la più rumorosa e ti ha fatto sentire in imbarazzo.

Parlare a voce alta, secondo loro equivale a sottomettere l'interlocutore. Tenere presente questo è molto importante perché durante una discussione, mettersi a gareggiare con lei cercando di alzare il tono della voce servirà a ben poco.

Anche provare ad intervenire in una discussione nella quale lei pensa di esser al centro dell'attenzione è totalmente inutile, continuerà a parlarti sopra facendo finta che tu non esisti e non avrai altra scelta che ascoltarla.

11. Negatività

Le madri narcisiste non sono persone felici e questo si riflette sia nella vita che nel lavoro. Gridano e urlano a tutte le persone, indipendentemente dalla loro età e dal loro status. Potrebbero anche decidere, all'improvviso, di mettersi in silenzio! Ed in tutto ciò si divertono immensamente.

Sicuramente, il fatto di essere persone insoddisfatte ed infelici le spinge a condividere la loro infelicità in diversi modi ed in un certo senso a tentare di esser comprese. Se poi ad esser infelici sono anche gli altri, allora tanto meglio, penseranno di avere il pieno controllo della situazione e continueranno con la loro opera di distruzione.

12. Condizionare il prossimo

Le madri narcisiste sono molto abili a condizionare i loro figli i quali, pur di entrare nelle loro grazie, si vedranno costretti a soddisfare sempre queste condizioni.

Nel momento in cui, ad esempio, assegnano un compito in casa, si divertono poi ad ordinare al figlio quando smettere e quando ricominciare traendone un enorme appagamento perché consapevoli di avere qualcuno da comandare.

Sono talmente abili in questa strategia che generalmente il figlio non sa se quello che sta facendo sotto i loro ordini sia un bluff o meno.

Ovviamente, quando è un genitore a fare tutto questo, è molto difficile che il figlio possa rendersene conto nell'immediato. L'unica cosa certa è che ti stanno preparando a fallire.

13. Ridicolizzare

Le madri narcisiste trovano qualsiasi situazione per far sentire male con sé stesso il figlio per qualcosa che ha fatto e lo faranno in modo che non sia così ovvio per tutti gli altri ma solo per te.

Loro conoscono i punti deboli dei figli, vi ricordate i tasti di scelta rapida? Ne ho parlato nel libro sul Narcisismo. Ecco, quando lo faranno, quando toccheranno in modo così profondo quei tasti, il figlio sarà colpito così duramente fino al punto di arrivare a provare vergogna e di conseguenza a non avere la forza necessaria che gli servirebbe per contrattaccare. Potrebbe, ad esempio, trattarsi di un commento negativo sul modo di vestire; oppure sul taglio di capelli o ancora sul modo di camminare o esprimersi. Per esperienza posso dirti che sanno davvero farti del male.

14. Giudicare apertamente

Le madri manipolatrici non si scusano mai quando il figlio si offende, nella maggior parte dei casi non evitano di dire al figlio di avere torto o di aver fatto qualcosa di sbagliato. Anzi, cercano sempre un modo per giudicare.

Magari, per il figlio potrebbe non essere la cosa sbagliata! Ma fintanto che non piace a lei, allora sarà sicuramente sbagliato ai suoi occhi.

Se non si fanno le cose come dicono loro, il figlio sbaglierà sempre. E spesso verrà anche punito. Purtroppo, a volte, anche mediante abusi fisici.

Ottengono carburante emotivo quando sanno che lo hanno messo nell'angolo, in imbarazzo ed in preda alla vergogna. Questo, serve per dimostrare agli altri, ma soprattutto a loro stesse, che hanno il potere ed il pieno controllo sui loro figli in ogni momento.

15. Fingere vicinanza emotiva per convenienza

Hai presente quando una persona non ti saluta mai ma quando hai qualcosa che lei desidera si comporta in modo stranamente amichevole?

Magari potresti non averci mai pensato prima ma se da adesso te ne accorgerai tieni presente che questo è un chiaro segnale di manipolazione emotiva.

Le madri narcisiste cercano di avvicinarsi emotivamente a te solo perché in quel momento hanno bisogno di qualcosa DA TE e non perché sentono la tua mancanza o hanno bisogno della tua compagnia. Sono egoiste e non si fermano davanti a nulla per assicurarsi di ottenere ciò che vogliono. Anche se questo significa usare solo al fine di soddisfare i loro interessi egoistici.

16. Mettere in discussione le tue abilità

Le madri narcisiste hanno grandi abilità nel farti dubitare delle tue capacità. Ti faranno sentire sciocco nel fare e nel dire le cose, anche se queste sono molto importanti per te. Inoltre, i tuoi sentimenti sembreranno sempre poco importanti.

17. Non dare tempo per decidere

Quando una madre narcisista prende una decisione che il figlio deve rispettare, gli darà pochissimo tempo per decidere. Lo farà sentire controllato totalmente e sotto pressione in modo che lui non abbia la capacità di dire sì o no accettando quindi semplicemente la decisione che lei ha preso per suo conto.

18. Non mantenere le promesse

Una madre che cerca di manipolare farà molte promesse solo per far fare qualcosa al figlio. Queste promesse, però, non verranno mai mantenute e di conseguenza il figlio non otterrà mai ciò che gli è stato promesso. Questa è una forma di manipolazione molto brutta che può generare frustrazione.

Quando lui proverà a ricordare alla madre che lei gli aveva promesso qualcosa, verrà violentemente respinto, la situazione si arresterà salvo poi riprendere poco dopo.

Ovviamente, anche nella comunicazione relativa alla promessa la madre risulterà ambigua. È un modo per mettere le mani avanti e scrollarsi di dosso ogni responsabilità quando il figlio tornerà per chiedere quanto promesso sentendosi di fatto rispondere di non aver capito ciò che lei gli aveva detto. Come se non bastasse, il figlio sarà etichettato come pazzo o nella migliore delle ipotesi smemorato. Questo generalmente comporta la messa in discussione di percezione e ricordi.

19. Vittimismo

Una madre narcisista è la regina nel modo di essere la vittima perfetta. Difficilmente ha un comportamento fisicamente aggressivo. Molto spesso si tratta di forme di manipolazione passivo-aggressive mediante le quali colpevolizzerà in svariati modi il figlio solo per farlo star male con sé stesso.

20. Ignorare i problemi del figlio

Invece di essere empatica quando il figlio ha un problema, tenderà a sorvolare o se ne occuperà in modo piuttosto distaccato. Se il figlio è malato, lei avrà il suo stesso problema ma elevato all'ennesima potenza. In caso di fratelli, la femmina avrà sempre la peggio e se litigherà con il fratello la madre troverà un modo per darle torto facendola star male. Purtroppo, la madre nei confronti della figlia è sempre in competizione...così come lo è il padre narcisista nei confronti del figlio.

Quando si è nel bel mezzo della manipolazione emotiva da parte di una madre narcisista, raramente capita di vedere danni fisici. I danni e le ferite che derivano da questo tipo di abuso sono perlopiù emotivi e possono influenzare il benessere del soggetto per gli anni a venire.

Gli effetti di questi danni possono essere effetti a breve termine od effetti a lungo termine.

Analizziamoli:

Effetti a breve termine

Si verificano DURANTE il periodo di manipolazione ed includono:

Confusione e sorpresa

Durante la manipolazione mentale si avverte che c'è qualcosa che non va. Ci se sente come se tutto quello che sta accadendo non debba essere così. Spesso, il figlio arriva a chiedersi il perché una madre si comporta in quel modo disconoscendone molto spesso il ruolo.

Mettersi in discussione

Il figlio comincerà a chiedersi se i ricordi relativi a cose fatte nel passato siano veramente il prodotto di cose successe nella realtà perché la madre continuerà a far sembrare che lui abbia un problema. Tutto ciò che lui dice o pensa verrà messo in discussione e gli farà credere che la sua totale percezione sia sbagliata.

Ansia

Per evitare, nel futuro, qualsiasi manipolazione, il figlio potrebbe diventare ansioso quando noterà che una situazione già successa sta per ripetersi in un certo modo. Tenterà di conseguenza di evitare comportamenti che potrebbero portare agli stessi risultati di prima o cercherà di individuare prima i comportamenti materni che preludono ad un'esplosione collerica.

Passività

Il figlio apprende che il reagire in una determinata situazione comporta l'amplificarsi del dolore all'interno della relazione. Per questo, decide di essere passivo in modo da non soffrire e far andare le cose come prima.

Questa, all'inizio rappresenta una tecnica difensiva. Con il passare del tempo diventa un qualcosa che si concretizza in un'abitudine andando ad invalidare le relazioni future.

Vergogna

Spesso il figlio si ritroverà a dare la colpa a sé stesso per le cose che sono successe nel passato anche quando non era effettivamente coinvolto. Quando ci incolpano quotidianamente, diventa più difficile impedire a sé stessi di sfidare le persone intorno a noi per dimostrare invece di esser dalla parte della ragione. Si diventa consuetudinariamente passivi.

Effetti a lungo termine

Sono effetti che continuano anche una volta terminato il periodo di manipolazione ed includono:

Isolamento

Quando si cresce con una madre narcisista si vive con un costante senso di oppressione. Il figlio tende a diventare più un osservatore anziché una persona che agisce. Finirà per non provare nulla verso le situazioni che dovrebbero renderlo felice ed alla fine si sentirà danneggiato, senza speranza e incapace di poter provare di nuovo emozioni.

Chiedere sempre l'approvazione

L'aver vissuto più volte la manifestazione della rabbia nella sua stessa madre, il figlio continuerà a chiedere sempre l'approvazione! Anche per cose banali e che invece dovrebbero nascere in modo naturale e da sé stesso. Comincerà a relazionarsi con gli altri cercando di compiacerli per tutto il tempo e questo lo renderà un mendicante di sentimenti e situazioni che invece dovrebbero spettargli di diritto.

Inoltre, dato che gli si è sempre fatto credere di non essere perfetto, indosserà una maschera in ogni occasione per far in modo di essere apprezzato dagli altri.

Risentimento

Passare molto tempo con una madre narcisista può comportare il fatto di non riuscire a sviluppare gli strumenti necessari, in termini caratteriali, che servono per prendere decisioni. Questo si trasformerà in impazienza, irritabilità ed indecisione creando stati d'animo attraverso i quali ci si incolpa continuamente.

In sostanza, dopo essere stato maltrattato da una madre narcisista non si avrà niente di buono da dire su tutto ciò che riguarda questo tipo di situazione.

Diventare eccessivamente critico

Il figlio di una madre narcisista sarà sempre ossessivamente attento a tutto ciò che gli altri fanno o dicono, in ogni momento. Si aspetterà molto dalle persone fino al punto in cui le aspettative eccessive finiranno per frustrarlo ancora di più. Tutto ciò è l'espressione di un modo attraverso il quale cercare di avere sempre il controllo visto che non lo si è mai avuto per una grandissima parte di tempo.

Depressione

L'esser stato abusato emotivamente per tanto tempo comporta anche l'esperienza dello scoprire in ritardo che ti sono state tante bugie. Questo, assieme al rimuginare costante relativo all'abuso vissuto, può generare depressione. La buona notizia, però, è che, per quanto brutta sia, la depressione può essere facilmente curata nel tempo.

Come avrete ormai capito e non essendo sicuramente nuovi relativamente al Narcisismo, un narcisista, ed in questo caso particolare una madre, usa varie tattiche di controllo che le permetteranno di far fare agli altri quello che vuole senza ricevere troppe domande.

Il controllo mentale è un metodo attraverso il quale il soggetto narcisista usa una miriade di tattiche manipolative allo scopo di influenzare i comportamenti e le funzioni cerebrali degli altri, i figli in questo caso.

Vediamo adesso alcuni metodi che la madre narcisista usa spesso in modo disfunzionale per arrivare al controllo altrui:

Appeal emotivo

La madre narcisista cerca di manipolare le emozioni degli altri come il senso di colpa, la paura e la lealtà piuttosto che stimolare il ragionamento e la logica.

È tremendamente astuta nell'utilizzare il fascino emotivo in modo tale da avanzare pretese assurde nei tuoi confronti e manipolare le emozioni per arrivare a controllare in modo che sembri tutto estremamente naturale.

Effetto carrozzone

Cercherà di far andare avanti il figlio con determinate cose solo ed esclusivamente perché altre persone lo fanno. Sa riconoscere molto bene il potere dei numeri e seguirà gli altri, inducendo il figlio ad agire, con l'unico obiettivo di ottenere la giusta attenzione. Questo se ci pensate, nell'idea che il figlio viene considerato non come essere a sé stante ma come estensione di sé, è una tattica geniale ed allo stesso tempo diabolica.

Oppure, per contestualizzare il concetto ai giorni nostri, desiderando magari tanti seguaci sui social media allo scopo di ottenere rifornimento emotivo, mostrerà pubblicamente i successi del figlio.

Infine, spesso utilizzerà il pensiero di gruppo per giocare sulle paure degli altri facendo sembrare che altre persone siano d'accordo con lei di modo da indurre il figlio a fare qualcosa per lei.

Due sole opzioni

La madre narcisista vi darà solo due opzioni: o si fa questo oppure...

Vedendo il mondo solo in bianco e nero crescerà il figlio dandogli sempre e solamente due opzioni di scelta. La cosa paradossale è che in queste due opzioni di scelta è sempre e comunque contemplata la sua zona di comfort. Questo le permetterà sia di poter comunque COSTRINGERE il figlio a scegliere, e questo come già visto è un brivido importante per lei, sia di mantenere il potere ed ottenere carburante emotivo per qualsiasi scelta il figlio faccia.

False lusinghe

Sovente, in determinate occasioni, riempirà il figlio di gentilezze (love bombing) in modo che quando poi chiederà qualcosa, lui sarà più ricettivo ai suoi bisogni. Lo lusingherà con complimenti che non hanno senso solo per ottenere ciò che vuole. Una volta ottenuto si toglierà la maschera mostrando la sua vera faccia.

Etichettatura

Applicherà etichette negative ai figli. Queste etichette, di solito, sono espresse attraverso singole parole che umiliano e fanno sentire il figlio come se non avesse alcun valore. È l'equivalente della fase della svalutazione relativa al ciclo dell'abuso narcisistico.

Userà parole come "bisognoso", "perdente" e molte altre simili dal significato estremamente negativo. E l'obiettivo è proprio quello di farlo sentire così.

Andiamo adesso al cuore del problema e poniamoci questa domanda: in una relazione genitoriale quando si può parlare di abuso?

Ormai abbiamo capito che i genitori narcisisti sono emotivamente violenti con i loro figli (nel caso di padri anche fisicamente purtroppo). Tuttavia, per i figli di un genitore narcisista può essere difficile riconoscere che uno dei loro genitori è un narcisista. Per alcuni di loro, questa scoperta non avviene fin quando non decidono di cercare un aiuto professionale a causa delle enormi sofferenze che stanno attraversando.

Chi ha letto l'altro mio libro (Il Narcisismo) saprà ormai che il disturbo narcisistico della personalità varia nell'intensità, nella manifestazione e nel grado a seconda dello spettro in cui l'individuo narcisista si colloca. Quindi, come fare a riconoscere se un genitore che ci ha cresciuto è narcisista e soprattutto se si tratta di narcisismo patologico?

Proviamo ad evidenziare quando si manifestano i segnali di abuso in un figlio.

Quando si diventa uno zerbino

Il genitore narcisista, in questo caso la madre, calpesta spesso i suoi figli trattandoli appunto come zerbini. Questo, sta a significare che i loro bisogni non verranno mai affrontati o lo verranno in modo piuttosto marginale rispetto ai bisogni del resto della famiglia, parenti inclusi. In questa situazione, il figlio si ritroverà sempre ad abbassare la testa; non reagirà quasi mai all'abuso di modo che nessuno potrà pensare di stare agendo male. È un atteggiamento che nel lungo termine sviluppa un paradigma di totale passività.

Nella pratica, quindi, si scopre che ad un bambino è stato inviato il messaggio che i suoi bisogni non contano e, di riflesso, lui imparerà a lasciare che le persone camminino su di lui senza riuscire a riconoscere quando è il caso di far rispettare i propri confini.

Così, quando si scopre che non si riesce più a captare ciò di cui si ha veramente bisogno e quando si scopre altresì di non riuscire mai a trovare il modo giusto di esprimersi, allora significa che l'abuso è perfettamente integrato.

Una persona di questo tipo, socialmente parlando, può pensare che il fatto di esprimere i propri bisogni possa compromettere la relazione con gli altri proprio perché ha già sperimentato quello stesso tipo di emozione. Una madre narcisista, come abbiamo detto sopra, riesce a far sentire il proprio figlio come un pazzo solo perché lui ha avuto la colpa di cercar di manifestare uno dei suoi bisogni primari. Questo tipo di atteggiamento materno, durante la crescita, segna radicalmente la psiche del bambino che di conseguenza non imparerà mai a farsi rispettare dagli altri, finendo per venire continuamente calpestato.

Quando si pensa di esser diventati narcisisti

Quasi sempre, un bambino non può non spaventarsi intimamente di fronte a manifestazioni e comportamenti narcisistici. Può arrivare ad esser condizionato così tanto dagli abusi della madre fino al punto di rinnegarla mentalmente. Il prodotto di un simile trauma, con il tempo, lo porta a vedere il mondo in un modo diverso. Di conseguenza, può radicare un atteggiamento passivo-aggressivo che gli consente di affrontare gli altri sottomettendoli in modo da non esser sottomesso prima. In pratica, questo tipo di figli, sviluppano un modo per compensare quanto subito da piccoli. Se quindi ti capita di iniziare a pensare che le persone debbano esser trattate proprio nel modo in cui tua madre faceva con te, allora è molto probabile che hai cominciato a sviluppare tendenze narcisistiche proprio come risultato del trattamento ricevuto in passato.

I bambini che hanno più probabilità di diventare narcisisti a seguito degli abusi ricevuti, sono quelli nati volitivi ed estroversi. Questo capita generalmente perché questo tipo di bambino sviluppa la capacità di emulare il genitore quando si rende conto di non poter fare nulla per evitare una determinata situazione. Se, quindi, ti capita di cominciare ad insultare le persone in situazioni di attrito, è molto probabile che stai affrontando abusi narcisistici e che stai di conseguenza sviluppando tratti narcisistici come risultato degli abusi materni.

Quando ti sentirai sopraffatta, avrai bisogno di regolare ed imparare ad esprimere le tue vulnerabilità in termini di emozioni come solitudine, tristezza e paura in modo assertivo impedendo loro di rovesciarsi addosso agli altri come una cascata.

Quando si avverte competizione con eventuali fratelli

Come tutti i genitori narcisisti, anche una madre narcisista vive la propria figlia come un'estensione di sé stessa che la porta a sviluppare problemi con i confini personali. Se sei stata cresciuta da una madre che pensi esser narcisista ed hai fratelli, allora sappi che tua madre potrebbe scegliere uno di loro come specchio dove riflettere le sue migliori qualità. Di conseguenza, potrebbero svilupparsi sentimenti d'amore per questo fratello a spese del resto di voi. Per esempio, lui potrebbe ottenere più lodi, più sostegno e anche maggiore attenzione da parte del genitore senza alcuno sforzo.

Un altro fratello, al contrario, potrebbe essere scelto invece come capro espiatorio che come tale sarà costantemente oggetto di vergogna e colpa e svilupperà, radicandolo dentro di sé, il paradigma di non esser mai all'altezza della situazione a differenza del fratello prediletto. Nei casi più estremi, potrebbe addirittura esser incolpato dalla madre come causa del suo comportamento narcisistico.

Queste due proiezioni rappresentano i due lati contraddittori della personalità di un genitore narcisista. L'effetto, di solito, è a lungo termine e non è raro rendersi conto in età adulta di quanto i fratelli che hanno subito un simile atteggiamento possano continuare ad esser sempre in competizione.

Infine, va detto che i confronti non terminano di solito tra fratelli. È altresì comune notare che queste madri mettono in competizione i loro figli con quelli di altre famiglie ed anche magari con i cugini. Essere esplicitamente messo a confronto con i coetanei, può avere un effetto dannoso sul bambino incidendo sulla percezione delle aspettative future. Purtroppo, e come avrete ormai capito, una madre narcisista non si rende mai conto di questo.

Quando la madre è in continua competizione con te e sconvolge tutta la tua vita

Le madri narcisiste si sentono frequentemente in competizione con i loro figli, soprattutto con le figlie. Ed è molto probabile che, in una simile circostanza, si preoccupino di più del loro aspetto e della loro sessualità anziché di quelli della figlia. Pare cosa ormai acclarata che, sfortunatamente, quando una donna è narcisista, nutra opinioni misogine e consideri le altre donne come una minaccia anche quando non fanno nulla per dimostrarsi tali. Nei confronti quindi del sesso femminile, e di conseguenza anche nei confronti delle figlie, sono in continua concorrenza ed è molto probabile che diventino furiose, gelose ed in alcuni casi anche invidiose.

L'abuso, quindi, si presenta quando la madre comincia a svalutare l'aspetto fisico della sua bambina. Parte di esso coinvolge la vergogna del corpo e le continue critiche alla bimba. In quanto soggetti narcisistici, sanno ben individuare il potenziale fisico di una figlia e quando lo captano cominciano di conseguenza ad attaccarlo con una lenta ma costante opera di svalutazione. Il danno può diventare parecchio importante soprattutto nei casi in cui la madre decide di attraversare i confini sessuali.

Una madre di questo tipo arriva a raggiungere i suoi orribili obiettivi ostentando sfacciatamente il proprio corpo ai figli, in particolare alle ragazze, e instaurando con loro, in adolescenza, discussioni inappropriate relativamente al sesso. Non è raro che ponga particolare enfasi sulle sue apparenze fisiche e che cominci ad insegnare ai suoi figli, sia maschi che femmine, che il loro intero valore sia contenuto tutto nel corpo. Così, il maschio potrebbe cominciare a radicare dentro di sé l'idea di una donna oggetto mentre la femmina sarà condizionata fino al punto di considerare solo ed esclusivamente il suo corpo come termometro unico ed esclusivo delle attenzioni maschili.

La natura di questo tipo di abuso può essere così complicata al punto di far arrivare alcune madri fino a sedurre gli amici dei loro figli per dimostrare agli altri ma soprattutto a loro stesse di esser sessualmente migliori delle loro figlie.

In Paesi nei quali la cultura incoraggia la restrizione sessuale, la madre narcisista potrebbe invece comportarsi in modo diverso. Potrebbe, ad esempio, incoraggiare la figlia a fare tutto il possibile per soffocare la propria sessualità fino a punirla qualora, al contrario, dovesse dimostrarsi sessualmente attiva.

Con una tale instabilità, è molto probabile che la madre narcisista non riuscirà a fornire alle sue figlie un'adeguata educazione sessuale.

Quando ci si preoccupa solo delle apparenze a discapito di tutto il resto

Una madre narcisista è diversa dalle altre madri perché crea la falsa illusione di essere una madre amorevole, premurosa e dolce mentre in realtà gode solo del fatto di esser diventata madre, dimenticandosi di impegnarsi in qualsiasi cosa comporti l'educazione dei figli.

Quindi, se noti che tua madre è solamente interessata a mostrarti ai suoi amici mentre senti che i tuoi bisogni emotivi e psicologici non sono stati affatto soddisfatti, allora puoi star sicura che ci siano serie probabilità che tua madre sia una narcisista patologica.

Lei appare come molto più preoccupata riguardo le apparenze piuttosto che riguardo la sostanza. È anche probabile che arrivi persino a chiedere aiuto ad altri quando si tratta di badare alla cura dei suoi figli piuttosto che farlo lei stessa e di conseguenza non gli darà la cura e l'attenzione che tutti i bambini meritano. Purtroppo, queste madri sono più propense a considerare i loro figli come un fastidio, soprattutto in presenza della gente comune. Sono fredde ed insensibili fino al punto di negare ai bambini quel comfort innato e naturale che in una relazione madre-figlio è il presupposto fondamentale.

Quando la madre rompe i confini

È molto probabile, anzi quasi scontato, che le madri narcisiste siano prepotenti. Tuttavia, questa caratteristica diventa un problema serio quando la madre narcisista coinvolge sé stessa e i suoi figli in un subdolo incesto emotivo. Se ti stai chiedendo cosa significhi questo, posso dirti che si tratta di una situazione che si concretizza quando la madre fa dei suoi figli il centro del proprio mondo rendendoli responsabili emotivamente della sua realizzazione.

Quando si analizza questo tipo di atteggiamento in modo critico si può notare che, invece di adempiere ai doveri genitoriali, le madri narcisiste sembra che affidino questo compito ai loro figli. Situazione quindi paradossale dove il figlio è in un certo senso "obbligato" a fare da genitore al proprio genitore. Il bambino,

105

così, si sente in dovere, ed appunto obbligato, a prendersi cura dei desideri e delle aspettative dei suoi genitori.

Queste madri violano il diritto alla privacy e persino l'autonomia dei loro figli e possono porre in essere continui comportamenti che mostrano mancanza di rispetto nei loro confronti. Alcuni di questi includono il voler conoscere i dettagli privati della vita dei bambini, il fatto di entrare nelle loro camere con violenza e senza bussare oppure leggere i loro diari ed i loro quaderni ed interrogarli sui loro amici e sui loro partner.

Se si analizzano questo tipo di attività, si potrà notare che sono comportamenti che producono un ritardo se non addirittura un blocco nella crescita del figlio. Di conseguenza, un bambino cresciuto da una madre narcisista è probabile che rimanga in uno stato di infanzia perpetua e che abbia problemi nel crescere e nell'uscire di casa. È anche probabile che rifiuti appuntamenti con l'altro sesso ed abbia problemi nel cominciare ad esplorare la propria sessualità. Ogni azione finalizzata alla crescita viene punita severamente paralizzando il bambino.

Quando la madre si infuria perché si sente minacciata nella sua superiorità

Le madri narcisiste si percepiscono con un senso di superiorità e di conseguenza non gli piace assistere a qualcosa che minacci questa superiorità. Si infuriano velocemente quando incontrano resistenze e quando qualcuno si intromette nei loro atteggiamenti per ottenere ciò che vuole.

Come già menzionato sopra, se hai a che fare una madre narcisista è probabile vivere degli alti e bassi emotivi molto forti in risposta ai suoi sentimenti che continuano a cambiare di volta in volta. Quando ha bisogno di qualcosa dal figlio comincia a sedurlo e a lusingarlo; al contrario, ogni volta che non si seguono le sue regole o non si cede alle sue richieste allora è probabile che si arrabbi pesantemente.

In una famiglia dove la madre è una narcisista non ci sarà MAI coerenza nelle emozioni.

In un simile scenario, la stabilità emotiva è continuamente messa a rischio. I bambini in casa si sentiranno sempre in presenza di un pericolo e avranno quella bruttissima e costante sensazione di vivere come se stessero continuamente camminando sui gusci di uovo. Tutto questo, è il prodotto della paura generata dal continuo abuso materno.

Quando la madre fa gaslighting

Ora, non è raro che i figli di madri narcisiste reagiscano quando si rendono conto di comportamenti emotivamente violenti ed offensivi. Però, quando i bambini reagiscono, generalmente non vengono accolti bene dalla madre. Lei non si scusa e non fa nulla che dimostri quanto si senta colpevole delle sue azioni. Colpevolizzerà i suoi figli per aver "osato" ribellarsi, gli farà gaslighting ed infine invaliderà i loro sentimenti e le loro idee per continuare ad avere su di loro lo stesso tipo di controllo.

Questo maltrattamento dipende da un deficit empatico, di grado ovviamente variabile da caso a caso ed insito in ogni soggetto narcisista.

Senza empatia, la narcisista non è in grado di provare nulla per i suoi figli e può addirittura arrivare ad ignorare i loro bisogni di base. Ed anche dopo aver loro fatto del male attraverso i modi che stiamo analizzando, negherà qualsiasi responsabilità.

Ovviamente, sarà sempre colpa del figlio che è troppo sensibile e che reagisce in modo eccessivo.

In altrettanti casi, la madre cercherà di utilizzare i suoi sfoghi emotivi a proprio beneficio per ricattare, controllare e manipolare i bambini. Le loro emozioni non saranno mai così importanti come le sue e saranno sempre invalidate ed anzi sarà anche contenta quando dopo aver provocato ed abusato dei suoi figli ne riprenderà il controllo godendo della loro sofferenza.

Ormai, avresti dovuto capire che le madri narcisiste non sono come tutte le altre madri che con amore, rispetto, empatia e devozione si prendono cura dei bisogni dei loro figli. Le loro idee sulla maternità sono distorte e per questo non riescono a manifestarla allo stesso modo delle donne normali.

Le fasi dell'abuso

Le fasi dell'abuso a cui la persona si espone con un soggetto narcisista rappresentano una forma di comportamento indirizzata, nel lungo periodo, ad instaurare il completo controllo sulla vittima. Per sottomettervi completamente, dovranno prima idealizzare, successivamente svalutare ed infine scartare il o la malcapitata di turno.

Pur avendole già ampiamente trattate nel libro sul Narcisismo, analizziamole velocemente comunque per dare la possibilità a chi non le conosce di farsene un'idea e per meglio far comprendere quante similitudini ci siano sia che si tratti di relazione romantica sia che si tratti di relazione genitoriale:

1) Idealizzazione

I narcisisti sono soggetti calcolatori. Questo aspetto si manifesta particolarmente in quella fase nella quale decidono di scegliere la vittima perfetta per i loro giochini.

Arrivano quindi ad individuare un bambino che sarà vittima dei loro abusi per il resto della loro vita e metterlo magari contro un altro, ad esempio un fratello, che invece ricoprirà il ruolo di prediletto. Comunque, l'intenzione è sempre la stessa! Devono conquistarlo per poi svalutarlo e distruggerlo. Così, quando si rendono conto che il bambino ha valore capiscono che sarà in grado di fornire loro i bisogni di cui necessitano ed allora iniziano a fare quello che sanno fare meglio per guadagnare la sua fiducia dando l'avvio a quelle montagne russe emotive di cui abbiamo già discusso.

2) Svalutazione

Questa è una fase molto pericolosa e, soprattutto quando si concretizza nelle relazioni romantiche, è poco probabile che la vittima si renda conto di essere passata da una fase iniziale di idealizzazione a quella della svalutazione.

Questo avviene perché la prima fase è sempre incentrata sul bombardamento d'amore (love-bombing) e sulle continue attenzioni del soggetto narcisista nei confronti della vittima. Però, all'improvviso, il soggetto abusato avvertirà qualcosa di strano nella pancia che quasi sempre non è mai il prodotto di cose sbagliate prodotte nella realtà ordinaria. Compare come campanello di allarme che, all'inizio, vuoi per il bombardamento iniziale, vuoi anche per la mancanza di conoscenza relativa agli schemi dell'abuso narcisistico, non viene sublimato nel concreto. Con i bambini, il caso è ovviamente diverso. Quando un bambino ha una madre narcisista, e lei/lui è l'unico figlio, il genitore avrà presa su di loro fin dalla fase iniziale. E quando si tratta di fratelli, per quanto già visto sopra, la situazione sarà potenzialmente anche peggiore.

La madre, sia che si tratti di figli unici o meno, giocherà comunque la sua perversa partita nei modi che abbiamo sufficientemente analizzato nei precedenti capitoli ed un bambino piccolo non sarà mai in grado di capire cosa sta succedendo. Questa è una fase molto lenta e subdola difficilmente riconoscibile da una persona adulta. Figuriamoci da un bambino. Quando la vittima della relazione cercherà di sottolineare determinate carenze, allora verrà sempre etichettata come pazza e fuori di testa ed il narcisista, con le sue continue manipolazioni, la indurrà a dubitare di sé stessa. In questo modo, il bersaglio sarà confuso, ed il soggetto narcisista prenderà il sopravvento e sarà così in grado di mantenere il controllo della relazione.

3) Scarto

La fase dello scarto è quella che di solito, per molti, compare all'improvviso, soprattutto nelle relazioni romantiche. Molte persone che sono state in relazioni romantiche con soggetti narcisisti infatti sostengono quanto lo scarto sia inaspettato e sembri venire fuori dal nulla.

Di solito, e soprattutto in questa era tecnologica, inizia con un messaggio di testo od una telefonata che ha lo scopo di far loro cominciare a capire che il narcisista sta cambiando idea. Appare spesso come un atteggiamento improvviso e freddo che genera molto dolore. Sono molto abili nel far sembrare che sia la vittima ad avere dei problemi e che sia lei stessa la causa del comportamento freddo ed offensivo.

Cominceranno la loro campagna diffamatoria nella quale capovolgeranno i punti di forza della vittima facendoli passare come punti deboli.

La loro principale intenzione con questa tattica è spesso quella di svalutare la vittima e farla sentire inutile. Quando questo accade, il mondo della vittima diventa cupo e lei comincerà a vivere in quel limbo di confusione, dolore e speranza dove non riesce a capire che il problema è il soggetto abusante e non lei. A volte, l'abuso in questa fase è così intenso che la vittima si trova sola con la vita in pezzi ed in procinto di affrontare il disturbo post-traumatico da stress.

In presenza di genitori narcisisti, per i bambini il caso diventa un po' più complicato.

Un rapporto genitore-figlio, d'altronde, è un legame molto forte che si instaura nel momento in cui la vittima non ha assolutamente alcuna possibilità di scelta e durerà per tantissimo tempo, spesso anche durante l'età adulta proprio come conseguenza del tipo di rapporto che genera co-dipendenza. Alcuni ragazzi, però, fortunatamente, riescono ad allontanarsi dalle loro madri tagliando ogni rapporto e nel momento in cui possono permettersi di vivere in modo indipendente.

Da tutto ciò che abbiamo detto sin qui, è evidente che essere in una relazione di qualsiasi tipo con un soggetto narcisista significa vedersi prosciugare ogni energia. I bambini imparano che la cosa migliore da fare è sopprimere costantemente i loro sentimenti e questo è il motivo per il quale spesso si scopre che i bambini cresciuti da genitori narcisisti sono molto più suscettibili nel cominciare ad abusare di farmaci, di vivere periodi od eventi di autolesionismo e di arrivare ad avere anche disturbi alimentari. Il loro stile di vita è per lo più compulsivo e impulsivo. La buona notizia, per fortuna, è che è possibile affrontare ed uscire da una relazione con un narcisista, anche in caso di relazione genitoriale in cui l'unico desiderio del soggetto abusante, che sia conscio o inconscio, è quello di succhiare energia.

I tipi di abuso

Esistono molti tipi di abuso ed essi possono manifestarsi in forme differenti.

Mediante l'abuso, il soggetto narcisista cerca di raggiungere i suoi obiettivi che, come abbiamo visto, consistono sempre nel sottomettere la vittima e renderla inutile. Tuttavia, qui di seguito, andremo ad analizzare solo due tipi di abuso che io considero tra i peggiori, di cui poco si parla, e che ritengo necessario che i lettori conoscano al fine di capire come opera la mente di un narcisista.

1) L'abuso verbale

L'abuso verbale è per il narcisista uno strumento molto potente che lui usa spesso a proprio vantaggio. Ha il compito di logorare le loro vittime ed è uno degli strumenti preferiti dei loro giochi perversi.

Con questo tipo di abuso il narcisista intimidisce la vittima e ne acquisisce il dominio. Quando si è vittima di abusi verbali da parte di un narcisista si è molto spesso colti alla sprovvista. Ovviamente non tutto avviene per caso! Prendere alla sprovvista la vittima significa avere ottime probabilità di vittoria e farle fare ciò che il manipolatore vuole venga fatto.

Il modello di abuso verbale che viene utilizzato da un soggetto narcisista è un modello per lo più identico sia che si tratti di partner romantico, sia che si tratti di un amico, sia che si tratti di un genitore.

Generalmente, all'inizio è raro, segreto e mantenuto su toni bassi. Le parole svalutanti sono poche e di solito sono seguite da scuse, per altro molto superficiali e non sentite. Poi, piano piano la faccenda si intensifica e l'abuso diventa frequente ed anche pubblico. Il tono aumenta, tutta la colpa è spostata sulla vittima ed il soggetto abusante NEGA ogni responsabilità.

Il volume e il tono dell'abuso, se usati correttamente, sono molto validi e possono aiutare una madre narcisista a conquistare il dominio ed il controllo. Rimarrà in silenzio, ignorerà o si rifiuterà di rispondere completamente, oppure userà la rabbia ed urlerà in faccia alla vittima. Sono, quindi, entrambi due metodi efficaci che vengono utilizzati per ribadire il messaggio di abuso.

Inoltre, per una madre narcisista, le parole hanno un significato che va al di là del loro significato letterale. Di conseguenza, rafforzano le minacce con ricatti e promesse di castigo, soprattutto quando il bambino si rifiuta di fare il loro volere. Le parole sono strumenti usati per instillare paura, per minacciare, per manipolare, per costringere e anche per intimidire. Il tutto, poi, sarà colorato dal sarcasmo, dalla competizione, da richieste assurde che minano la vergogna del bambino e da argomentazioni ambigue, contraddittorie e svilenti. Una madre narcisista non ascolta mai i suoi figli, gli parla sempre sopra prevaricandoli continuamente.

Trattiene le informazioni importanti, li interroga spesso per poi bullizzarli e per confonderli ulteriormente mischia verità con bugie e critiche. Questa tattica, di solito, lascia il bambino con un senso di sconfitta e ferito interiormente perché trattato come inferiore.

Questo tipo di genitore evita sempre l'imbarazzo, grazie a qualsiasi mezzo. Si mette sempre sulla difensiva anche per cose minori e di solito cerca di deviare la discussione e blocca sul nascere commenti a lei poco graditi. Le piace accusare i figli e metterli in cattiva luce. Quando si sente attaccata, reagisce in vari modi! Diventa ostile, nega i propri sentimenti e li invalida. Ma queste non sono le uniche tattiche che usa. Un'altra piuttosto conosciuta e di cui abbiamo accennato poco sopra, è il far finta di dimenticare per convenienza di aver promesso qualcosa.

È inoltre maestra nel gioco della colpa, su questo non sbaglia mai, colpevolizza in modo puntuale e deciso e, nel farlo, è peggio di un cecchino. Tutto ciò che va storto è colpa del bambino che come vittima sarà accusato di essere troppo critico relativamente alla reazione della madre, di opporsi ad ogni cosa che lei le dice e di essere troppo sensibile. A giustificazione di tutto questo, diranno che lo stanno facendo per il suo bene.

Quello che bisogna capire è che quando si vive un abuso, non si sta impazzendo. Esso è reale quando si vive con un genitore narcisista e lascerà stressati e confusi.

Un consiglio di carattere generale che mi sento di dare e che si può usare nella negoziazione con una madre narcisista è quello di evitare di essere sempre d'accordo con lei, per qualsiasi cosa dicano durante un confronto. Potrebbe poi esser utile attendere almeno un giorno prima di prendere una decisione e magari nel mentre parlare con altre persone in modo da poter ottenere le giuste rappresentazioni dei fatti per arrivare a prendere decisioni nel modo corretto. Infine, è opportuno ricordare che non è sempre nostro dovere cadere nelle trappole di un genitore narcisista.

2) L'abuso finanziario

Ho notato che di questo tipo di abuso non se ne parla molto. Le notizie sono sempre scarse e solo accennate quando invece io lo ritengo essere una forma di abuso tremenda, forse anche della stessa gravità dell'abuso fisico.

Per capire la mente di un narcisista, pensa ad uno schema piramidale, lo conosci? Proprio come uno schema piramidale che vende sogni ad un pubblico che spera di raggiungere i propri obiettivi attraverso il duro lavoro degli altri, nelle relazioni romantiche in cui uno dei due soggetti è un narcisista, l'altro partner, magari, una volta era finanziariamente stabile. Poi, è successo che è stato sedotto e sfruttato da qualcuno che lo ha affascinato e gli ha venduto un sogno su presunte garanzie future. Mentre vendono i loro sogni, i narcisisti ovviamente tralasciano la parte dell'abuso e della svalutazione. Non informano assolutamente le vittime sul fatto che le lasceranno senza un soldo in tasca e magari anche senza una casa.

Ci sono però alcuni segnali che sarebbe opportuno tenere in considerazione perché probabili indizi di un abuso finanziario. Ad esempio, il narcisista, quindi anche una madre, potrebbe chiedere alla vittima di rispettare un bilancio come pretesto di non elargire la paghetta; oppure potrebbe mentire sui propri guadagni ed esagerarli. A volte, nel caso di una relazione romantica, potrai avvertire che ti sta usando troppo (si fa pagare la cena, allude a regali non degni del suo status, si fa prestare soldi, ecc.) e se deciderai di farglielo notare, dovrai esser preparata ad affrontare la sua rabbia e la sua ostilità.

I narcisisti non vogliono che una persona metta in discussione il modo in cui usano il denaro. Quando si tratta di un genitore, lui si sentirà nel pieno diritto di utilizzare i soldi solo per sé stesso, avrà sicuramente problemi a spenderlo per il figlio. Per esempio, se il figlio ha un progetto scolastico cui tiene e lo comunica alla madre, lei esiterà ad aiutarlo economicamente e siccome per determinate circostanze potrebbe esser costretta a cedere, prima penserà bene di degradare il bambino rinfacciandogli il fatto che lui le sta facendo sprecare soldi e poi tirerà fuori i soldi.

Inoltre, come figlio di una madre narcisista, dovrai rendere conto di ogni singolo centesimo. Tenere traccia delle finanze in una famiglia con una madre narcisista non sarà affatto facile. Lei documenta tutti i soldi che spendono gli altri ma ovviamente non monitora mai le transazioni che fa lei; controlla sempre lo stipendio del figlio e non è inoltre raro scoprire che regala ad altri oggetti del figlio dal valore sentimentale oppure li vende. C'è anche la possibilità che se gestisce un'azienda di famiglia costringerà il figlio a lavorare senza paga. Non si potrà accedere ai conti on-line senza il suo consenso e nel peggiore dei casi potrebbe arrivare a sabotare il lavoro del figlio ed usare i soldi senza il suo permesso.

Insomma, la vita con una madre narcisista equivale ad un inferno senza apparente via d'uscita.

Capitolo 8 – Separazione e guarigione

La prima cosa che bisogna capire quando si decide di cercare la libertà da un narcisista è quella di dover necessariamente tagliare ogni rapporto con lui ed evitare il contatto. Ovviamente, nel caso di un bambino questo può essere difficile a causa del legame. Nonostante tutto, infatti, lui potrebbe non esserne capace sia per l'abuso molto forte sia anche per il legame naturale che si instaura sin dalla nascita.

Come abbiamo più volte letto, i narcisisti sono incapaci di provare empatia e questo li rende non idonei a connettersi con le persone ad un livello più profondo. I figli rappresentano una loro estensione e continueranno ad esser svalutati ed abusati intenzionalmente fin quando il legame sarà presente.

Se una persona ha una madre narcisista oppure se qualcuno viene coinvolto intimamente in una relazione "romantica" con un narcisista o ancora se ha un amico che soffre di DNP (disturbo narcisistico della personalità), il motivo principale per cui è così difficile staccarsene è a causa dell'attaccamento emotivo che loro riescono a generare. Le vittime sono intimamente convinte di poter migliorare la relazione narcisistica e finiscono così per rimanerne invischiate più a lungo di quanto dovrebbero. Si genera una dipendenza paragonabile a quella che hanno i drogati quando assumono la loro prima dose di droga.

Una delle cose che si può fare per aiutarsi nel mantenere un NO CONTACT serrato è attraverso la scrittura. Per essere più specifici può esser davvero utile scrivere "il diario del trauma". Scrivere è una tecnica molto conosciuta, e soprattutto consigliata, in psicoterapia. Mettere per iscritto gli abusi patiti ne rafforza il ricordo e può altresì rappresentare una catarsi degli stessi. Scrivere quindi quello che è successo, come ci si è sentiti in determinate occasioni, cosa si è cercato di fare al riguardo...scrivere di getto tutto ciò che si ricorda e farlo magari anche quando succede.

Ora, forse questa potrà sembrare una domanda stupida ma in che cosa consiste esattamente la regola del contatto zero o NO CONTACT?

Bene, proviamo a schematizzarla in punti:

- Nessun incontro con il narcisista - in pubblico, privato, con gli amici, o in qualsiasi altra circostanza.

- Nessuna telefonata. Per l'esattezza non chiamare e non rispondere mai al telefono, soprattutto se si tratta di chiamate anonime o numeri sconosciuti.

- Nessun messaggio di testo anche quando lui cerca di raggiungere la vittima tramite qualche conoscenza comune.

- Nessuna richiesta di notizie a mezzo di terze persone.

- Nessuna interazione mediante social media quali Facebook, Instagram, Bumble, Twitter, Snapchat, Whatsapp, Messenger, ecc.
- Nessun contatto con persone che ancora interagiscono con lui. Terra bruciata.

È necessario far sapere a tutti che si è deciso di troncare ogni rapporto con il soggetto abusante e creare confini e limiti per le persone che continuano a parlare di lui. Mantenere la propria posizione e nel mentre farsi aiutare da un esperto sono regole fondamentali per uscire da una relazione di tipo narcisistico. La rovinosa caduta è sempre dietro l'angolo proprio a causa del legame emotivo di cui abbiamo già scritto.

Questa regola deve esser altrettanto rigida soprattutto quando il soggetto narcisista è un genitore (madre in questo caso). Potrebbe, infatti, attaccare da un momento all'altro per scuotere il senso di colpa per aver chiuso la relazione e essersene sbarazzati.

Quando fallisce, ai primi tentativi, potrebbe cominciare ad essere gentile. Non bisogna cedere.

Per esempio, se ha la certezza di averti in qualche modo raggiunta e pensa che stai ancora ricevendo i suoi messaggi può iniziare con frasi tipo: "Perché non stai parlando con me? Pensavo che mi volessi bene".

Quando il senso di colpa, il gaslighting, la manipolazione e le tecniche di offesa terminano, potrebbe provare a dire cose del tipo: "Sono veramente dispiaciuta per tutto quello che ti ho fatto. Mi manchi! Ti prego torna a casa e farò in modo di sistemare le cose".

Per render più chiara la situazione vediamo un attimo come potrebbe avvenire nella realtà.

- Potrebbero stalkerizzare

- Cercheranno di stabilire un contatto attraverso ogni forma di comunicazione possibile inclusi amici, messaggi e chiamate, chiamate con numeri anonimi o sconosciuti, social media, messaggi vocali, ecc.

- Invieranno e-mail creando infiniti account falsi.

- Faranno finta di essere un'altra persona per vedere se gli si risponde.

- Possono rintracciare la vittima od aspettarla in un parcheggio, fuori da un locale, sul luogo di lavoro in modo da poter avere un contatto visivo.

- Possono presentarsi sotto casa inaspettatamente.

- Possono parlar male della vittima a persone in comune per provocare reazioni.

Se una di queste tattiche funziona, il narcisista ricomincerà a manipolare facendo credere di sentire la mancanza della relazione. E ti credo aggiungo io...

Ti riempirà di complimenti su quanto stai bene, magari ti inviterà a pranzo; sarà un fiume in piena relativamente ai bei momenti passati assieme omettendo quelli brutti. Se tu, nella conversazione, dovessi ricordare brutti episodi relativi ad abusi spiegando come ti senti e cosa stai passando potrebbero sembrare affranti e vogliosi di comprensione.

Potrà anche ignorare ciò che hai detto sminuendo la situazione e dirà che ha pensato molto a te, che comunque è cambiato e che ha imparato la lezione.

Insomma, aspettatevi di sentire una quantità infinita di scuse per le promesse non mantenute e aspettatevi di vederli davvero pentiti ma ricordatevi SEMPRE del diario che avete scritto.

Non prendere decisioni improvvise dicendo al narcisista (anche se è tua madre) che lo perdoni. Una volta tornata a casa, apri il tuo diario, rileggilo e comincia a scrivere quanto di nuovo accaduto.

Quando e se tutto questo dovesse accadere ricordati che ti ha cercato di nuovo perché non sta più ricevendo le attenzioni e l'ammirazione di cui ha bisogno.

Se credi che il soggetto narcisista senta la tua mancanza, stai pur sicura che non è per il motivo che pensi o che speri. Magari lui dice di sentire la tua mancanza ma la fredda e dura verità è che non è affatto vero! Gli manca tutto ciò che gli hai dato in termini di ammirazione, amore, attenzioni e complimenti. E adesso che te ne sei andata, tutte queste cose non le ha più. Ecco perché la regola del NO CONTACT è così importante. In questa fase del processo sta solo cercando di riconquistarti per riavere tutto ciò che tu gli hai giustamente tolto. Può veramente sentire un senso di vuoto e di tristezza e se sta cercando di riconquistarti NON è perché sente la tua mancanza come persona bensì perché sente la mancanza di come tu lo facevi sentire.

Separarsi da una madre narcisista

Arrivati a questo punto, ciò che davvero vien giusto chiedersi è questo: "Bisogna interrompere ogni contatto con una madre narcisista?"

Tutto quello che sei oggi, ciò che hai imparato in termini di amore, di affetto e di rispetto li hai imparati da lei. E pur ammettendo il fatto che avrai appreso schemi ed informazioni distorte e disfunzionali e radicato dentro di te paradigmi erronei, il legame, molto forte, di fatto esiste. Ed in questo senso, in te si sarà creato un attaccamento emotivo che va molto in profondità, anche se esser cresciuti in un ambiente disfunzionale ti ha reso quello che sei oggi.

La verità è che se non avrai modo di riconoscere la relazione per quello che è stata, il tuo dolore e quel continuo senso di vuoto che hai adesso sul cuore, non se ne andranno mai. Come dice il dottor Murray Bowen, psichiatra americano molto conosciuto nell'ambiente, nel suo libro **Terapia Familiare,** voi

"...continuerete a rimanere turbati e angosciati se non lavorerete su voi stessi e non guadagnerete prospettive di crescita interna".

La cosa importante da capire relativamente al genitore narcisista è che, nonostante tutti gli sforzi che farai per ricostruirti, lei non potrà cambiare. Se non ha mai mostrato alcun rimorso, se non si è mai assunta alcuna responsabilità per i suoi comportamenti, non è in grado di vedere e MAI vedrà il danno che ti ha causato. Lei continuerà il suo percorso, nel pieno del suo egocentrismo! Non capirà e non accetterà mai che ha bisogno di cambiare...a meno che non sia lei stessa, di sua spontanea volontà, a decidere di cercare aiuto per il suo DNP (disturbo narcisistico della personalità). E comunque, anche con sedute di psicoterapia e consulenze finalizzate ad apprendere nuovi schemi per diventare una persona migliore, ci vorrebbero anni di duro lavoro prima di arrivare a comprendere pienamente tipi ed entità delle sue emozioni.

Ti starai ora sicuramente chiedendo se questo valga anche per te. Non proprio, soprattutto se ti renderai conto presto della situazione e se riuscirai a prendere decisioni difficili durante la strada verso il recupero. Ma ti avviso, dovrai esser pronta a rimettere in discussione tutta la tua vita, compresi tutti, o quasi, i tuoi rapporti in essere.

Quindi, tornando a noi, all'inizio sarebbe opportuno non avere alcun contatto con una madre narcisista. Farlo per un po' di tempo potrebbe aiutarti a ritrovare te stessa, a capire quali sono i tuoi veri valori ed a riacquistare un senso di sé prima di riavere magari un minimo contatto. Sarà quindi necessario prendersi questo tempo per suturare le ferite emotive, elaborare il trauma ed imparare ad essere ma soprattutto ad esprimersi. Bisogna avere l'obiettivo di diventare un individuo risolto.

Dopo tutto, se ci pensi bene, è proprio questo che tua madre ti ha rubato della tua infanzia: **IL TEMPO**. Non esiste pensare a quanto tempo ci vorrà! Se tua madre ti rispettasse, stai pur sicura che ti permetterebbe di crescere, indipendentemente e senza giudizio.

Ora, quando si tratta di tagliare i legami con tua madre o con un membro della tua famiglia ci sono tre percorsi che si possono intraprendere. Vediamoli:

1) Servizi terapeutici

Qui mi riferisco a tutti quei servizi che presuppongono l'intervento di un esperto, sia esso psicoterapeuta, psichiatra, counselor o coach, ovviamente con i dovuti limiti dell'uno rispetto all'altro.

Un narcisista, non necessariamente perverso, può, talvolta, essere aperto alla consulenza familiare o di relazione. Essa può essere molto illuminante per entrambi a patto che ci si rivolga al terapista giusto. Dovrà necessariamente essere qualcuno esperto sul DNP.

Ovviamente, questo funziona solo se tua madre narcisista è disposta ad iniziare un percorso di sedute attraverso le quali esplorare il suo trauma ed ascoltare attentamente le tecniche menzionate durante le sessioni per poi metterle in pratica.

2) Connessione civile

Questa è la forma più comune di separazione che si possa intraprendere. In sintesi, è quel momento in cui il bambino abusato, diventando adulto, capisce ed accetta che non ci saranno più attaccamenti emotivi di nessun tipo con il genitore cambiando così la dinamica della relazione.

Ogni interazione diventa appunto "civile" ed educata, non profonda e né psicologicamente vicina. Perché questo funzioni, il figlio adulto del genitore narcisista deve continuare il suo percorso di recupero verso il successo e la felicità. Una connessione civile può permettere anche al ragazzo di vivere le vacanze in famiglia senza l'attaccamento alla madre che sarà comunque tenuta ad una certa distanza in modo che possa rendersi conto che non può più manipolare o controllare il suo "bambino" senza alcun limite e confine chiaro. Ovviamente, una soluzione di questo tipo è preferibile e possibile quando il grado di narcisismo della madre non rientra nei numeri 8, 9 e 10 della scala dello spettro narcisistico.

3) Nessun contatto

Già accennato ad inizio capitolo, questo percorso è essenziale quando la madre ha un grado di narcisismo estremamente tossico e quindi le altre due soluzioni proposte, terapia e connessione civile, non potranno esser in grado di funzionare o dopo averci provato non hanno funzionato. Sarà necessario perché la madre, fatti alla mano, non si sarà dimostrata in grado di capire i termini ed i sentimenti del figlio anche dopo aver provato a porre dei limiti all'abuso e alla manipolazione.

Per quanto questo possa essere impegnativo per il ragazzo, è sicuramente il percorso migliore per arrivare ad un recupero personale e alla guarigione. Nessun figlio, per natura, sente il bisogno di separarsi dai genitori e, se lo avverte, significa che c'è qualcosa che non funziona. Tuttavia, in caso di abusi, per la crescita personale e l'individualità è necessario che avvenga un processo di separazione.

In un primo momento, il ragazzo potrà sentirsi in colpa, sarà preoccupato per la madre e profondamente turbato dalle emozioni travolgenti, e nuove, che si troverà ad affrontare. Ma quando si arriva ad una decisione di questo tipo, la prima parte della separazione, quando si tratta di qualcuno che si ama intimamente, sarà decisamente impegnativa. Avere chiarezza nelle intenzioni, sarà quindi necessario e se si manterrà il punto con costanza e decisione, magari coadiuvando il tutto con un percorso terapeutico, si potrà avere sicuramente successo.

Cosa potrebbe succedere se tagliassi i legami con tua madre?

Ora, partiamo del presupposto dell'aver deciso di intraprendere il percorso relativo alla connessione civile oppure al NO CONTACT. In questi casi, la confusione sarà ancora in atto, così come la tristezza derivante dalla separazione ma il tuo primo appuntamento dal terapista è proprio dietro l'angolo. Sei giunta alla conclusione che la soluzione migliore è quella di tagliare il legame tossico. Attenzione però, in questo momento, tua madre potrebbe provare a reagire ma tu dovrai esser ferma e continuare nella tua decisione.

Fintanto che tua madre farà una qualsiasi delle cose che andremo a toccare, tu avrai il compito, ed il dovere, di tornare al tuo "diario del trauma" per scrivere cose nuove e rileggere quelle scritte in passato in modo da poter guardare indietro a quei giorni difficili di silenzio ed abuso, ricordando a te stessa perché questo che hai deciso di intraprendere sia il percorso migliore. Dovrai esser preparata a ciò che potrà accadere per proteggerti e riprenderti dagli abusi che hai vissuto.

Se si sentirà turbata ed offesa seriamente a causa del tuo distacco, nel tentativo di riconquistarti potrebbe anche tentare di mettere la famiglia contro di te. E se dovesse riuscire nei suoi sforzi, tu potresti sentirti ancora peggio. Per proteggerti da questo, cerca di fare sapere almeno ad uno dei membri della tua famiglia che senti senti il bisogno di interrompere per un po' i contatti con tua madre. Questo potrebbe aiutarti, la sincerità paga sempre ed a lungo andare, valutando il comportamento di tua madre dopo il distacco, saranno preparati e penseranno anche che avevi ragione.

Vediamo ora cosa potrebbe nel concreto succederti:

Il tuo senso di colpa potrebbe prendere il sopravvento

Avere autostima e rispetto di sé significa sapere cosa va bene per noi senza permettere alle nostre emozioni di condurci in luoghi bui.

Ti sentirai in colpa? Sicuramente si! Ma pensa però al trauma che hai subito a causa dell'abuso e della manipolazione. Pensa anche a cosa potresti ottener adesso e come saresti potuta crescere e peggiorare se non avessi deciso di fare questo passo.

Quindi, se ti troverai a nutrire il desiderio di raggiungerla, di tornare da lei considerando quanto ormai siete lontani, pensa a quanto stai migliorando; pensa a tutto quello che ti ha rubato durante l'infanzia e l'adolescenza e a come la sua libertà ti sta permettendo di cambiare ed avere successo nella vita.

Cerca, inoltre, di stare lontana dalle riunioni di famiglia perché potrebbe essere imbarazzante. Purtroppo, ognuno di noi ha quel parente che adora fare il collante della situazione non si sa per quale cavolo di motivo. Di solito, lui o lei, vogliono mantenere la pace e potrebbero sentirsi in colpa nel non essere gentili, servizievoli od anche attenti alla persona tossica.

"Il collante" potrebbe anche arrivare a dire: "per favore, cerca di esser gentile con lei e parlale, fallo per me".

Se proprio sarà necessario, prima di partecipare ad una riunione di famiglia, preparati ad affrontare i modi di tua madre.

Prima di tutto impedisci alla tua famiglia di schierarsi o di costringerti a sistemare le cose. Se farai così, la restante parte di loro lo accetterà. In caso contrario, durante le esternazioni di rabbia di tua madre che sicuramente ci saranno, potrebbero cominciare ad assecondarla accettando le sue critiche, potrebbero restituirti freddezza o biasimarti per il fatto di averla lasciata nonostante lei fosse la persona migliore per te. Se ciò avvenisse, cerca di scrollarti di dosso questi commenti e non prenderla sul personale. Dovranno rendersi tutti conto che tu non le permetterai più di farti del male e di controllarti.

Gli altri membri della famiglia potrebbero prendersela con te

All'inizio oppure durante il processo di guarigione, tua madre cercherà di scagliarsi contro di te a meno che tu non sia riuscita a tagliare con successo tutti i contatti. Cercherà di farti del male attraverso voci (triangolazione) e comportamenti distruttivi solo ed esclusivamente per giustificare agli altri membri della famiglia gli abusi commessi. Assicurati di avere qualcuno da cui andare quando riuscirà nel suo intento di ferirti ancora più profondamente.

Se riuscirai nel tuo intento, se manterrai il proposito del NO CONTACT o della connessione civile, a lungo andare ti potrà accadere di sentire un po' di libertà ed un senso di pace che ti faranno vivere sensazioni piacevoli e meravigliosamente nuove. E sarà proprio questo che ti permetterà di ritrovare la tranquillità interiore e la voglia di non guardati più indietro.

Attraverso le voci, attraverso i continui tentativi di manipolazione e riconciliazione da parte della famiglia, capirai che si può andare avanti anche se si è soli. In certi momenti della vita, per tutti noi sarà necessario mettere tutto il resto da parte e comprendere che la crescita personale, quella vera, avviene e si concretizza solo se si riesce a scegliere VERAMENTE di cambiare. Accettare e capire noi stessi, sopportare quello che si è vissuto e soprattutto PERDONARE intimamente chi ci ha fatto del male in passato, è l'unico modo per continuare a guarire.

Come guarire dall'abuso narcisistico

Quel turbinio di emozioni contraddittorie che sperimenterete all'inizio del vostro recupero potrà essere sufficiente per disarmarvi mentalmente e farvi abbandonare nell'impresa.

Il problema più grande è che più a lungo avete subito l'abuso di un narcisista, più tempo ci vorrà affinché il loro veleno si cancelli dal vostro sistema, dal vostro pilota automatico. L'unico modo per superare questi sentimenti radicati di depressione, rabbia e dolore è quello di continuare a lavorare su voi stessi.

Cosa potrebbe indurvi a desistere? Vediamo...

L'Attaccamento emotivo

Il prodotto derivante dalle tattiche manipolative e dallo schema comportamentale del narcisista spesso consiste in un sentimento persistente di attaccamento emotivo nei loro confronti. Questo tipo di emozione può essere estremamente difficile da superare e potrebbe anche trasformarsi in una meravigliosa scusa per ritornare sui propri passi e raggiungere il soggetto narcisista.

Se siete stati cresciuti da un genitore narcisista, molto probabilmente questo tipo di attaccamento diventerà la chiave di tutte le vostre relazioni. Avete presente quella gigantesca sofferenza che spesso provate nelle relazioni durante i momenti difficili, siano esse sentimentali od amicali? Ecco, quel tipo di sofferenza dipende dal vostro modello di attaccamento. Elaborato e risolto quello, tutto poi diventerà magicamente molto più semplice.

L'ansia della separazione

Ci viene spesso insegnato che la famiglia è la cosa più importante che abbiamo e non ho motivo per credere che non sia così. Quindi, lasciare il narcisista, allontanarsi da lui, a volte significa anche allontanarsi dalla famiglia. Quando si cresce con un soggetto narcisista, non è raro assumerne determinati tratti che possono creare qualche problema. L'ansia della separazione è uno di questi. Strettamente dipendente dall'attaccamento emotivo, cercherà di tenerti imbrigliata nella sua rete fino al punto di farti desistere ed arrivare a perdonare in modo situazionale il genitore. D'altronde, lei è la ragione principale per cui oggi siete qui. Invece di farti governare dall'ansia cerca di vivere le tue esperienze non come una gabbia ma bensì come un'opportunità di crescita.

Il senso di vuoto

Il fatto di esser vissuta con tua madre per così tanto tempo e l'aver rappresentato la sua immagine senza aver avuto modo di costruire una sana identità, potrebbe causare incertezza, disagio e smarrimento al momento del distacco. Tutto questo è assolutamente normale perché vuoi o non vuoi lei è stata parte della tua vita per molto tempo. Purtroppo, una profonda sensazione di vuoto potrà prendere il sopravvento nel momento in cui realizzerai la rottura del legame. Per questo motivo, potresti sentire di aver bisogno della sua guida e di quell'amore malato con il quale sei stata cresciuta. Potrebbe mancarti l'aria e lei potrebbe rappresentare la tua bombola di ossigeno. Non cedere! Cerca piuttosto di guardare avanti e comincia a costruire un nuovo modello di attaccamento.

L'indipendenza

Per gran parte della tua vita, tua madre ti ha tolto il libero arbitrio, ha negato a sé stessa il tuo stato d'animo, ha plasmato le tue credenze sulla sua immagine e ha anestetizzato la tua creatività. Non sei mai riuscita a credere in te stessa perché tua madre ti ha convinto di non avere un'identità. Questo, per gran parte, derivava dalla sua gelosia verso la tua immagine. Riscoprire chi sei veramente lo devi a te stessa, alle tue future relazioni sane ed ai tuoi figli. Adesso, potrai finalmente capire cosa ti piace fare, quali sono i tuoi punti di forza, quali sono le tue debolezze e quali valori sono importanti per te. Attraverso questa fase del processo di guarigione, dovrai scendere in trincea, affrontare il trauma e superare la falsa realtà in cui sei cresciuto. Potrebbe anche capitarti, e mi dispiace dirti che è quasi sicuro, di dover rivedere tutti i tuoi attuali rapporti. Ma non preoccuparti, sarà un processo naturale che ti farà star meglio e che ti aiuterà a rafforzare la autostima.

La ricerca della vendetta

Una volta che avrai riconquistato la tua libertà e sarai piuttosto avanti nelle fasi di guarigione, potrebbe capitarti di sentire la voglia di tornare dal tuo aguzzino narcisista. Anche questo sarà del tutto normale, sentirai il bisogno di farle provare quello che ti ha fatto provare lei per gran parte della tua vita.

Tuttavia, cedere a questo sentimento di rabbia e rancore potrebbe darle nuovamente potere e controllo semplicemente per il fatto che avrà la consapevolezza che ancora pensi a lei. E se ciò dovesse accadere, avrebbe vinto ancora una volta.

Non avendo empatia, o avendone molto poca, al soggetto narcisista non interessa quello che pensano gli altri. L'unico e solo modo per dargli un gigantesco schiaffone e vendicarsi veramente è quello di lottare per la tua crescita personale e diventare a tutti gli effetti una persona di successo che riuscirà a realizzare tutti i propri desideri. Credimi, questo la manda decisamente in bestia perché quello che tanto tempo fa era un meraviglioso specchio che gli restituiva un'immagine grandiosa, un bel giorno, gli restituirà a cascata tutto il suo gigantesco disagio.

La curiosità

A volte, quando ti sentirai realizzata (occhio, non vuol dire che già lo sarai veramente) o magari depressa, potrai avere la curiosità di sapere come sta vivendo e cosa sta facendo. Comincerai a dirti che in fondo è passato tanto tempo, una chiamata non è niente di male e bla bla bla...

Anche in questa circostanza, se cederai, le restituirai potere ancora una volta e le permetterai di poter ricominciare ad intrecciare i suoi schemi manipolativi e ricominciare a farti il lavaggio del cervello. Così tutti i tuoi progressi, tutti i sacrifici fatti per raggiungere quella nuova e tanto desiderata identità, andranno sprecati e dovrai ricominciare tutto da capo.

Mettere in dubbio sé stessi

Dopo un po' di tempo senza alcun contatto potrai iniziare a chiederti perché non lo hai fatto prima. Se invece ancora sei nel pieno del legame, in alternativa, potrai essere ancora in una situazione di incertezza relativamente al da farsi.

Questo capita perché alla nostra mente piace ignorare le esperienze negative di una relazione tossica e valutare solo i momenti positivi. Quando questo accade, torna al tuo diario in modo da poter ricordare le esperienze vissute e ricorda a te stessa perché hai fatto la scelta giusta o perché stai decidendo di farla. Attraverso questo processo emozionale, sperimenterai cose nuove ed imparerai ad essere nel "qui ed ora". Questo rappresenterà un passo fondamentale nel tuo processo di recupero perché ti renderai conto di quanto è importante dedicare del tempo nell'esplorare e riconoscere i nostri sentimenti interni. In questo momento, sarai molto vicina alla guarigione o ancora, sarai molto vicina nel cominciare a costruirla.

Vediamo adesso alcuni modi che potranno sicuramente aiutarti nel percorso di recupero dopo una relazione tossica:

1) Imparare la meditazione.

La meditazione aiuta sempre. Aiuta prima di dormire, quando ci svegliamo e ci aiuta in ogni aspetto della nostra vita. La meditazione può risvegliare la guarigione spirituale e sviluppare un senso profondo di consapevolezza.

Quando sei arrabbiata, quando ti senti sopraffatta, prenditi un momento per meditare, migliorerai la ricerca della consapevolezza.

Quando ti senti stressata o vuota, comincia a meditare pensa a tutte le cose positive che hai intorno, credimi, sono molte.

Quando sei inquieta e non sai cosa fare, comincia a pensare di praticare lo yoga. In ogni momento difficile che vivrai nel tuo processo di recupero, dovrai imparare a MEDITARE.

2) Tirare fuori la rabbia e tutte le emozioni negative.

Molte persone si biasimano per il fatto di sentirsi sconvolte, arrabbiate, confuse ed emotivamente angosciate. Tutto questo è assolutamente normale e deriva fondamentalmente dal potere e dal controllo che il narcisista ha su di voi. Se anche tu stai vivendo questo turbinio di emozioni permetti loro di emergere e forgiare la tua psiche. Quando emergono è un buon segno, significa che il percorso di recupero comincia a dare i suoi frutti. Mentre ciò avverrà, ti renderai conto che stai imparando a riconoscerle. Comincerai a sviluppare quell'intuito che ti farà capire che cosa le innesca e la tua autostima aumenterà.

3) Segui la regola del NO CONTACT

Nessun contatto significa nessun contatto. Quando ti verrà voglia di sentire o magari rivedere il soggetto narcisista per quel turbinio di emozioni che abbiamo appena trattato, non cedere. Piuttosto chiama un tuo amico o magari il tuo terapeuta. Conceditelo e sfogati con loro. Inoltre, distraiti con la televisione, leggiti qualche libro di crescita personale, comincia un nuovo hobby o buttati a capofitto nel lavoro. Cerca di tenere la tua mente lontana dal desiderio del contatto. Più avanti, ci sarà tempo, modo e luogo per tutto questo.

4) Non continuare ad ossessionarti sul Narcisismo

Informarsi cercando notizie sul narcisismo è sicuramente un'ottima cosa ma farlo quotidianamente e senza sosta, cercando di individuare ovunque i segnali di avvertimento e le soluzioni alla relazione, ti farà uscire pazza. Tutto quello che hai bisogno di conoscere sono i tratti, le caratteristiche ed il modo in cui l'abuso di manifesta nel DNP e come fare per superarlo. Cerca di evitare quella ricerca compulsiva che finirà per ossessionarti. Una volta acquisite determinate conoscenze e aver intrapreso un percorso terapeutico passa a cose più importanti e dedicati al miglioramento della tua vita.

5) Costruisci la tua autostima

Il genitore narcisista ha passato una buona parte della sua vita facendoti sentire inutile, insicura, invisibile ed incompetente con il risultato che questo processo ha compromesso seriamente la tua autostima. Tua madre adesso ha molto potere su di te! Difatti ti rivolgerai continuamente a lei per dimostrare il tuo valore ed apparire perfetta ai suoi occhi.

La dura verità, purtroppo, è che non sarai mai perfetta ai suoi occhi. Quando penserai di esserlo, te ne chiederà ancora e ancora. Tutto questo ti logorerà, rischiando di portarti ad un esaurimento nervoso che non ti puoi permettere di affrontare.

Quando ti guarderai indietro, quando ripenserai agli abusi ricevuti, ricordati di questo.

Costruire l'autostima significa imparare ad essere fiduciosi nelle proprie capacità e nelle proprie decisioni e a fidarsi di sé stessi mentre si mantengono relazioni nutrienti e sane.

Se hai veramente intenzione di guarire completamente, dovrai guardarti in profondità, ritrovare le parti di te che sono state danneggiate, riportarle indietro e cominciare a ricostruirle piano piano. Potrai sentirti insicura e restia a vivere le emozioni perché le riterrai non necessarie. Dovrai ripartire da qui. Guarire significa ricalibrare il cervello e la tua pancia per essere in grado di nuovo di accogliere le tue emozioni e sviluppare fiducia in te stessa.

Crea un mantra positivo che ti permetta di svegliarti ogni mattina senza che il narcisista ostacoli la tua crescita personale e soprattutto datti del tempo, cerca di capire che la guarigione richiede mesi, in alcuni casi anche anni e che il recupero dal trauma avviene in molte forme e in molti modi. Dovrai riconoscere che ogni fase sarà necessaria per lo sviluppo personale. Avere fretta ti porterà solo a fare passi indietro.

Infine, cara amica mia, tieni presente questo: avrai, per gran parte del tempo, dentro di te una vocina critica e giudicante che sarà sempre pronta a buttarti giù, affrontala una volta per tutte e zittiscila per sempre te lo meriti!

Capitolo 9 – Superare l'attaccamento emotivo

In questo capitolo proverò a spiegare in parole semplici un concetto fondamentale e relativo all'attaccamento emotivo già accennato sopra. Sono sottigliezze che val la pena di trattare per avere un quadro un minimo più chiaro.

Ora, mentre un rapporto di co-dipendenza tra una madre ed una figlia può sicuramente avere impatti negativi sulla vita della ragazza, pochi saranno devastanti come quelli dell'attaccamento emotivo che in inglese si definisce ENMESHMENT.

Questo tipo di legame è quella condizione in cui le vite di madre e figlia/o sono apparentemente inseparabili come se fossero intrecciate tra di loro come le maglie di un cesto di vimini. Simbolicamente, ogni vita è avvolta intorno all'altra creando così l'apparenza di una singola entità. Il risultato è che la figlia non raggiungerà mai nella vita quell'indipendenza che si merita. Vivrà una vita di totale e completa devozione a sua madre e sarà responsabile della sua felicità e del suo benessere. Nei casi più gravi, le figlie più invischiate sono quasi fuse con la madre non essendo in grado di separare i propri desideri, i propri pensieri ed i propri sogni da quelli della madre.

Per liberarsi dalle conseguenze di questo tipo di attaccamento, una figlia dovrà prima riconoscere i sintomi della condizione e poi iniziare a prendere provvedimenti per porre fine a quei comportamenti materni che determinano una privazione della libertà.

Tratteremo, appunto, adesso, alcune delle forme più comuni di Enmeshment così come le influenze negative che da esso ne derivano. Questo aiuterà chiunque a capire se sono o meno vittima di Enmeshment e fornirà, inoltre, alcune tecniche che potranno esser d'aiuto all'individuo nel cominciare a sbrigliare la propria vita da quella della madre per poter raggiungere l'indipendenza.

Riconoscere di non essere responsabile della felicità degli altri

Uno dei principali modelli di Enmeshment è quello che coinvolge il benessere emotivo della madre. In questo caso, la madre, per la felicità quotidiana, farà per tutto il tempo completo affidamento nelle parole, nelle azioni e sul sostegno emotivo della figlia.

La falla sta nel fatto che tutto questo tempo viene vissuto dalla madre solo relativamente alla propria felicità e non riguardo a ciò che lei sente nei confronti della figlia.

Una persona dovrebbe avere numerose strade attraverso cui cercare e trovare la felicità e capire il significato della sua vita. Ogni volta che si fa troppo affidamento su di un'unica strada, si crea una situazione di dipendenza. E quando questa dipendenza riguarda anche un'altra persona, nascerà una relazione di co-dipendenza.

Questo è il motivo per cui questo tipo di attaccamento è così dannoso! Fa sentire la figlia completamente responsabile relativamente alla felicità della madre generando stress ed ansia. Quando la figlia è in questo tipo di situazione, trascorrerà tutto il suo tempo ed impiegherà tutte le sue energie cercando di trovare un modo per compiacere sua madre.

Purtroppo, il più delle volte, sacrificherà la propria felicità ed eventualmente quella della propria famiglia al fine di garantire che la madre sia doverosamente accudita. Così, altre persone, di riflesso, potrebbero esser negativamente influenzate da questo attaccamento che si rivelerà presto in tutta la sua distruttività.

Per porre fine a questo tipo di situazione, è fondamentale che qualsiasi figlia, giovane o vecchia che sia, comprenda un semplice principio: non si è MAI responsabili della felicità degli altri ed ogni persona è SOLO responsabile della propria felicità.

Un buon esempio per far comprendere questo principio è quello di pensare alla felicità come cibo. Quando una persona ha fame, l'unico modo per bloccare la fame è quello di mangiare. Se, ad esempio, un'altra persona cominciasse a portargli il cibo impilando piatti su piatti di fronte a lei nel tentativo di fornirgli tutto ciò di cui ha bisogno, alla fine, spetterà sempre alla persona mangiare il cibo. Nessuno potrà mangiarlo per lei. La felicità è più o meno la stessa cosa. Potrai fornire ad un'altra persona tutte le opportunità ed i modi possibili per trovare la felicità, ma alla fine, spetterà solo a quella persona di partecipare e raggiungere la felicità.

Ogni persona ha quindi il compito di trovare il proprio percorso e cercare la felicità.

Una volta che ti sarai resa conto di questa verità, il passo successivo sarà quello di cominciare a cambiare i tuoi comportamenti per porre fine all'influenza dell'attaccamento sulla tua vita. Il primo e più importante passo è quello di razionalizzare la quantità di tempo e di energia che stai impiegando per la felicità di tua madre.

Ovviamente, credo sia inutile dire che non bisogna rischiare di finire all'estremo opposto e cominciare a trascurare il genitore. Potrai comunque spendere ancora tempo ed energie cercando di trovare cose da fare per e con tua madre; l'importante è che ci sia equilibrio, che le DUE identità siano decisamente separate e che il giusto tempo venga dedicato soprattutto a sé stessi ed eventualmente agli altri membri della famiglia (figli, mariti, mogli, fratelli).

Una volta che avrai capito come lavorare su questo, piano piano comincerai a notare un minor peso emotivo dentro di te. E comincerai a vivere quel senso di libertà e di indipendenza di cui ognuno di noi ha bisogno per iniziare a dare alla vita il giusto significato ed a viverla per come desideriamo sia vissuta.

Riconoscere di non essere responsabile dell'infelicità degli altri

Così come nessuna persona può esser considerata responsabile della felicità altrui, così nessuna persona dovrà esser considerata responsabile dell'infelicità degli altri. Questo, ovviamente, vale anche all'interno del rapporto madre figlia.

Purtroppo, anche in questo caso, le madri con questo modello di attaccamento riterranno le loro figlie completamente responsabili della loro infelicità, della loro miseria e della loro sofferenza. Questo può esser spesso la conseguenza di una gravidanza inaspettata o di un matrimonio fallito quando i due genitori rimangono assieme solo per il bene dei bambini. In una simile situazione, una madre potrebbe provare risentimento verso i suoi figli biasimandoli per l'infelicità e la tristezza che ogni giorno deve sopportare. A volte, la madre, essendo addirittura consapevole di questo comportamento, renderà le sue azioni molto più deplorevoli; tuttavia, la maggior parte delle volte questo comportamento è inconscio e questo significa che la madre non si rende conto della colpa e della vergogna che infligge a sua figlia. In entrambi i casi, è opportuno che la figlia riconosca i pericoli di questo tipo di comportamento e cominci a prenderne le distanze per proteggersi.

Il pericolo maggiore che questo tipo di comportamento crea è il far nascere nella figlia (debole) un profondo senso di colpa.

Quando una persona normale, sana e amorevole si sente responsabile di causare dolore e sofferenza nella vita di qualcun altro, ne rimane in genere profondamente colpita fino al punto di sentirsi naturalmente in colpa e provare vergogna per esser stata attrice principale nella situazione di vita dell'altra persona. Proverà di conseguenza un forte desiderio di scusarsi, in qualsiasi modo possibile. Parallelamente, una figlia invischiata in un certo tipo di attaccamento, si sforzerà di fare tutto ciò che le chiede sua madre, direttamente od indirettamente, sperando che nel tempo tale atteggiamento compenserà il "danno" che le ha causato. Purtroppo, ciò non avverrà mai ed il risultato sarà uno stato di co-dipendenza cronico in cui la madre incolperà la figlia all'infinito e la figlia passerà tutta la sua vita cercando di fare tutto il possibile pur di ottenere l'approvazione di sua madre. Da una parte avremo quindi una madre servita e riverita, dall'altra una figlia nella costante ricerca di approvazione. Ti dice qualcosa questo? Pensa alle tue attuali relazioni...

Porre fine a questo tipo di co-dipendenza può essere un po' più complicato. Molte figlie, giustamente, amano incondizionatamente la loro madre e sentono continuamente il bisogno di renderla felice, al di la di tutto.
Per farlo, sarà necessario cambiare mentalità. Bisognerà cominciare a riconoscere il fatto di non esser responsabile della tristezza o dell'infelicità degli altri. Ma questo è solo l'inizio. Successivamente dovrai riconoscere che il fatto di venire al

mondo non è stata una tua scelta! È totalmente innaturale sentirsi in colpa per il solo fatto di esistere. Una cosa è sentirsi in colpa per qualcosa di cui si ha il controllo come rompere un vaso, dire qualcosa di cattivo o agire violentemente in natura. Venire al mondo, invece, non è una colpa ed assumersene la responsabilità è sbagliato.

Il passo successivo sarà quello di realizzare che la tua esistenza è in realtà una cosa meravigliosa. La vita è un dono, il più prezioso di tutti i doni! E la tua non fa eccezione. Di conseguenza, ogni volta che comincerai a ritenere di esser responsabile del dolore e della sofferenza di tua madre, prenditi del tempo per cominciare a pensare a quanto speciale ed unica in realtà tu sia.

Il modo migliore per farlo è considerare e riflettere, per esempio, sulla vita di un altro essere. Se hai un gatto domestico, o magari un cane, comincia a trascorrere più tempo con lui dandogli tutto l'amore e le attenzioni possibili. Nota quanto esso sia speciale e quanto sia meraviglioso averlo nella tua vita. Infine, fai un confronto tra quello che TU provi per il tuo animaletto e quello che invece TUA MADRE dovrebbe provare per te.

Il fatto che lei non apprezzi un dono meraviglioso come te nella sua vita dimostra che è totalmente incapace di trovare la felicità. È quindi lei ad esser responsabile della sua infelicità, non tu. Quando ti renderai conto di questo, allora, ti renderai conto che le maledette catene dell'attaccamento stanno cominciando a cedere. Ed un giorno non troppo lontano, riuscirai a spezzarle una volta per tutte.

Inizia a prendere decisioni per te stessa

Il più grande passo verso la libertà, per ogni figlia è quello di iniziare a prendere decisioni per sé stessa. A questo punto avrai capito che una delle principali conseguenze di questo tipo di attaccamento è la mancanza di indipendenza.

Quando una persona passa anni della sua vita cercando di fare la felicità di qualcun altro, finirà con il confondere la propria felicità con la felicità dell'altra persona. Di conseguenza, comincerà ad identificare le scelte e le preferenze dell'altra persona come scelte e preferenze sue.

Alla fine, la sua vita risulterà essere poco più di un'estensione della vita dell'altra persona. Diventerà l'ombra di qualcun altro. Questo, purtroppo, accade ad un numero infinito di figlie che sono vittime di una relazione genitoriale narcisistica.

Per liberarsi quindi da questo intreccio emotivo, è di vitale importanza cominciare a prendere decisioni per sé. Sarà un processo che richiederà sia tempo che sacrifici poiché il tuo paradigma decisionale è talmente radicato nella tua mente che sarà difficile vedere la vita da una diversa prospettiva.

Il primo passo da fare per diventare indipendenti è quello di distinguere tra la tua felicità e la felicità di tua madre. Tu e lei siete due persone diverse e, quindi, le tue speranze, i tuoi sogni ed i tuoi desideri saranno di natura diversa dai suoi.

Successivamente per cominciare ad esser indipendente sarà necessario iniziare a conoscerti meglio ed a capire che cosa è che ti fa star bene e ti fa esser felice. Quindi, dovrai cominciare a prender confidenza con ciò che rende felice te ed allo stesso tempo abbandonare quell'insana voglia di render felici gli altri. Ogni singola scelta che hai fatto in passato è stata fatta con la speranza di far felici gli altri. È arrivato il momento di cominciare a far felice te stessa.

Inutile dire che un tale cambiamento di prospettiva, soprattutto per gli altri che ti vedranno meno disponibile e più centrata, incontrerà con una discreta quantità di resistenze.

Per quel che riguarda il rapporto genitoriale, la maggior parte delle madri interpreteranno questa indipendenza come un segno di sfida nato da presunti risentimenti nei loro confronti. Ovviamente ciò è molto lontano dall'esser vero ed è solo quello che vaga nella mente della maggior parte delle madri co-dipendenti. Purtroppo, però, devo dirti che sfortunatamente è proprio durante questo momento che si gioca la partita. E spesso, a vincere, saranno proprio le madri.

Le figlie, incapaci di far fronte a determinate accuse e sensi di colpa, abbandonano la loro causa ritornando ai vecchi modi e riprendendo a fare scelte in direzione della felicità della madre. Sforzati quindi di resistere se e quando ti capiterà. E sforzati di rimanere con i piedi per terra, è l'unico modo per imparare ad esser felici.

Tutto questo non è sicuramente un percorso facile ma sarà necessario al fine di portare miglioramenti nella tua vita. Comincia quindi a valutare ogni decisione che prenderai senza ascoltare le opinioni di nessuno. Gli altri sono SEMPRE pieni di opinioni. E la maggior parte delle volte queste opinioni sono negative per te. Comincia a vivere la tua vita e non lasciare che gli altri la vivano per te.

Inizia a prendere coscienza di te

Un altro elemento importante durante il tuo percorso è capire cosa ti rende effettivamente felice. La maggior parte delle vittime di rapporti di co-dipendenza è in continua lotta con la nozione di auto-identità per il fatto di aver trascorso gran parte della propria vita vivendo la vita di qualcun altro.

Un problema da non sottovalutare è relativo al fatto che la libertà conquistata dopo un rapporto di co-dipendenza, spesso ha poco valore se quella stessa persona, una volta ripreso il controllo, non sa effettivamente che cosa fare con la propria vita.

Pertanto, sarà assolutamente necessario prendersi il tempo di acquisire consapevolezza di sé. La consapevolezza ti permetterà di valutare esattamente i tuoi pensieri, di capire come ti senti e, cosa più importante, di sapere cosa vuoi quando si tratterà di prendere decisioni importanti per la tua vita. Solo allora potrai capire che tipo di vita stai effettivamente vivendo.

Il primo passo per diventare consapevoli è quello di analizzare attentamente i tuoi pensieri ed i tuoi sentimenti. Solo esaminando il contenuto del tuo cuore e della tua mente potrai cominciare a decidere ciò che ti appartiene veramente e ciò che invece dovrà esser eliminato. Anche in questo caso, un buon modo per arrivare a questo obiettivo potrebbe essere quello di tenere un diario dove scrivere i vostri desideri ed i modi attraverso i quali riuscire a realizzarli. Una specie di "to do list" (lista di cose da fare) tutta per te da aggiornare e leggere ogni giorno (la ripetizione è uno dei modi migliori per riprogrammare la propria mente).

Alla lunga, potrebbe anche capitarti, durante questo step, di non riconoscere come tuoi, pensieri e desideri scritti da te qualche giorno prima. Non preoccuparti, fa parte del condizionamento cui sei stata sottoposta per tanto tempo. Piano piano sarai in grado di riconoscere i pensieri ed i desideri che ti appartengono e quelli che invece appartengono ad altri. Bene, quando acquisirai questa consapevolezza, per favore cancella dal tuo diario tutto ciò che non ti appartiene e vai avanti. Alla fine, rimarrai con una lista di cose che porteranno nella tua vita un senso di gioia e felicità. Questa dovrà essere la tua tabella di marcia alla quale dovrai attenerti ogni giorno per realizzare i tuoi sogni.

Il secondo passo per diventare consapevoli è quello, invece, di analizzare quali sono le conseguenze delle scelte che fate. Le decisioni che prendete vi gratificano? Contribuiscono a costruire la vita che desiderate e meritate? Se è così, sono decisioni che dovreste prendere ogni giorno. Se, al contrario non ti aiutano a raggiungere questo obiettivo allora significa che avrai bisogno di tempo per riconsiderare tutto il processo decisionale. Anche in questo caso, il tuo diario potrà rivelarsi prezioso. Annotando infatti le tue scelte e le decisioni prese con le relative conseguenze, potrai controllare i tuoi progressi ed eventualmente apportare le necessarie modifiche.

A volte le decisioni poco o per niente efficaci sono vestigia del passato, tracce, echi dei desideri e sogni di qualcun altro piantati nella tua mente. Una volta che riconoscerai questo, potrai eliminarli dalla tua mente sostituendoli con i TUOI liberandoti così dal controllo emotivo e mentale che qualcun altro ha esercitato su di te per gran parte della tua vita.

Accettare la verità

In ultimo, c'è una verità che dovrai imparare ad accettare prima di dichiararti definitivamente fuori da questo tipo di attaccamento e da tutto il suo infernale potere.

La verità è che tu non potrai far nulla per guarire tua madre. Purtroppo, in queste situazioni, il lieto fine non esiste! Cambiando e sistemando la TUA vita, cambierai e sistemerai quella e non potrai far nulla per tua madre.

Questo non significa che non potrai provare compassione per lei. Anzi, vale proprio il contrario. Quando accetterai di non poter aggiustare la vita di tua madre, potrai iniziare a provare compassione per lei in modo sano e sicuro. Ma, a differenza di prima, invece di permettere alla compassione di influenzare il tuo processo decisionale, ora potrai cominciare a vivere la tua vita liberamente ed arrivare anche ad esser preoccupata per tua mamma e per le sue condizioni. È umano, cambiare significa anche riscoprirsi per vivere sentimenti più autentici.

Aggiustando la tua vita, quindi, non compenserai il dolore e la sofferenza che hanno caratterizzato e definito l'intera vita di tua madre ma potrai assicurarti che quel dolore e quella sofferenza non influenzeranno mai più nessun altro, inclusa la tua famiglia ma, cosa più importante, soprattutto te stessa.

Tieni quindi ben in mente queste ultime parole, scrivitele da qualche parte, portale sempre con te e rileggile ogni giorno: se fossi stata in grado di sistemare la vita di tua madre, l'avresti fatto molto tempo fa. Le hai dato tantissimo, forse troppo. Eppure, non è servito a nulla. Dovrai imparare ad accettare e convivere con tutto questo. Dovrai arrivare un giorno a PERDONARE! E questa sarà la parte più critica dell'intero processo. Ma sappi, amica mia, che solo da questo momento, solo quando sarai riuscita a PERDONARE, sarai in grado di lasciarti il passato alle spalle e cominciare a vivere la vita che meriti. In bocca al lupo...

Conclusioni

Siamo giunti alla fine di questo libro e per quel che mi riguarda spero davvero di esser stata in grado di lasciarti qualcosa e aver fatto luce su cosa significhi avere a che fare con una madre narcisista e su come gestire il legame. Mi auguro di averti intrattenuta piacevolmente e di averti regalato un minimo di speranza.

Gli effetti che un legame narcisistico genitoriale può avere su una figlia possono essere devastanti ma, con duro lavoro e dedizione, l'impatto negativo potrà essere assolutamente corretto. Imparare a capire con chi si ha a che fare e gli effetti che una madre narcisista può produrre su di un figlia/o sono solo i primi passi per diventare mentalmente ed emotivamente equilibrata.

Diventare emotivamente intelligenti ed imparare a riconoscere le vere intenzioni di coloro che ci circondano potrà aiutarti ad instaurare relazioni sane e ad aprire gli occhi sulla eventuale tossicità e sulla disfunzionalità degli altri.

Se un giorno riuscirai a vedere queste cose prima ancora di invischiarti in un rapporto tossico potrai evitare di essere sfruttata ma soprattutto capirai di esser cambiata davvero.

Assieme all'intelligenza emotiva imparerai a sviluppare capacità sociali e a curare la tua empatia, elementi chiave questi per raggiungere la felicità e trovare un equilibrio nella propria vita. Continua a studiare, impara la meravigliosa arte della PNL e scegli un buon terapeuta, se vorrai, con il quale poter praticare esercizi associati e relativi alla terapia cognitivo-comportamentale.

Proteggersi dagli abusi emotivi e mentali è qualcosa che tutti noi dovremmo imparare.

Significherebbe partecipare ad una vita più produttiva e ricca di rapporti sani.

C'è ancora molto da imparare sul narcisismo e su come esso possa influenzare le relazioni e la vita stessa. Come scrissi anche nel primo libro, mi preme ricordarti e consigliarti di approfondire l'argomento su altri testi per crescere nella comprensione di questo disturbo della personalità. E adesso forza amica mia, avanti per la tua strada, meriti il meglio. Ti abbraccio forte...

Grazie per aver acquistato **La Madre Narcisista.**

So che avresti potuto scegliere tra un numero molto ampio di libri da leggere ma hai scelto il mio e di questo te ne sono estremamente grata.

Se, quindi, ti è piaciuto e ti ha lasciato qualcosa, mi piacerebbe avere una tua opinione. Spero, pertanto, che tu possa dedicare un po' del tuo preziosissimo tempo a scrivere e pubblicare una recensione su Amazon.

Voglio che tu sappia che la tua recensione, per me, è molto importante.